国家を憂う

世紀の戦略家クラウゼヴィッツの名言を読む

Clausewitz

金森誠也 編・訳

BNP
ビイング・ネット・プレス

はじめに

「戦争とは別の手段を用いた政治の継続である」

これはクラウゼヴィッツの主著『戦争論』の中で最も有名な言葉である。この『戦争論』そのものの翻訳書、さらにその解説書はすでに多くが出版されている。また『戦争論』の中に見られる戦争に関する彼の数々の名言を編集、解説した本も出ている。しかし何といっても『戦争論』は分厚い書物であるばかりでなく、あまりにも論理的に構成されているためにその内容はかなり抽象的であり難解である。この点ではクラウゼヴィッツの私淑した哲学者カントの主著『純粋理性批判』とよく似ている。もっともカントは主著はじめ難解な批判書の他にも、死後の生をとりわけくわしく述べたスウェーデンの大視霊者スウェーデンボリの思想を誇大妄想であると批判した『形而上学の夢によって解釈された視霊者の夢』のように、かなり平易かつ軽妙な著作がある。それと同様クラウゼヴィッツにも、一八〇六年の大戦争についての歴史的書簡（イエナ・アウエルシュテットの戦い）など『戦争論』とくらべ具体的な描写が多くかつ簡明な著作がかなり多く見受けられる（これらの論文の一部は金森誠也訳『クラウゼヴィッツのナポレオン戦争従軍記』BNP刊に含まれている）。このほか彼の最愛の妻マリーに一八一〇年の結婚前後に送った多くの手紙の中に戦争および人生に関する多くの情緒纏綿《てんめん》たる個性あふるる文章が見受けられる。

たとえば、彼が一八〇二年マリーに送ったラブレターで次のように述べている。

「あなたのようなまったくすぐれた女性を愛することは、すばらしい人生行路を歩むよすがとなります！　なぜなら、あなたの豊かな内的な素質が私の愛がいつまでも続くことを保証してくれるからです。」

　この表現に誇張はなかった。マリーの実家は貴族であり金銭的にも恵まれており、マリーは良い妻となった。しかも、賢明なマリーは彼の死後、未刊行だった『戦争論』を整理し出版することを可能にした。

　ともあれ本書は二部からなり、第一部は「実戦編」として彼の伝記とともに小論文や手紙の中に見うけられる実用的な名言をかかげる。そして第二部は、いわば「理論編」として主として『戦争論』の中の彼の名言を解説しつつ列挙する。なお第一部ではまず、彼の人生を大きく(1)一八〇六年（イエナ・アウエルシュテットの戦い）までの青年期、(2)それ以後一八一二年に至る苦悩の時期、(3)一八一二年のナポレオンに抗しロシアで戦った体験の時期、(4)一八一三年から一八一五年にかけてのナポレオン没落の時期、そして(5)彼の晩年の五期に分け、それぞれの時期の簡単な略歴を伝えておく。とりわけ妻への手紙の中に見られる人生とくに戦争に関する彼の名言を多少の説明を交えて紹介する。

　これらの名言には、クラウゼヴィッツの時代でも今日の世界でも、国家とは何かという普遍的な共通テーマが存在している。そしてそれはまた、人生の知恵にも通じる。その意味でも、読者においては、クラウゼヴィッツの名言を、現在の日本の状況に照らし合わせて、かつ活かしていただければ幸いである。

　平成二十一年七月　　　　　　　　　　　　　　金森誠也

目次

【凡例】

クラウゼヴィッツの名言文中の［　］内は訳注

第一部

実戦編

第一章　フランスとの開戦と祖国の敗戦

カール・フォン・クラウゼヴィッツ（一七八〇～一八三一）の家系は代々神学にたずさわっていた。彼の曾祖父はライプツィヒ近くに住む牧師であり、祖父はハレ大学の神学教授であった。ところが父は宗教者とならず陸軍に入り、プロイセン軍中尉となり、七年戦争で負傷したため軍籍を離れた。その後父はマクデブルク近くのブルク市で給料の低い収税吏となり、やがて官吏の娘と結婚し、六人の子どもができた。カールはその五番目の子どもで、一七八〇年六月一日ブルクで生まれた。

カールは十二歳のとき父のすすめで軍隊に入った。日本の旧陸軍の幼年学校の新入生よりもさらに若いが、当時のプロイセンではとくに珍しいことではなかった。貧しい親にとって子どもが軍で教育され生活させてもらえるのは幸運であった。彼の二人の兄も軍隊に入った。

カールは一七九二年、ポツダムの歩兵連隊に入隊、ここにはすでに兄の一人も勤務していた。

フランス革命のさなか、プロイセン軍はフランス軍と戦うことになった。革命で士気の揚がったフランス軍に対し、プロイセン、オーストリアという君主国のいわば保守的な軍隊が戦ったわけだが、軍人とはいえ十三歳のカールには、その歴史的意義までは分からなかった。

一七八五年バーゼルで和平条約が結ばれると、カールはヴェストファーレンの農家に軍人として駐留した。その間彼はとくに戦争の歴史と軍事学に必要な数学を学んだ。一七九五年の夏、少尉に昇進した彼はノイルピンにある守備隊の一員となり数年後はさらにベルリンにある士官学校に入学することができた。この学校に入学中クラウゼヴィッツは一八〇四年、二十五歳年長の生涯彼の恩師であり上官となった戦略家シャルンホルスト将軍と知るようになった。彼の軍事講義を聞いたときの感激をクラウゼヴィッツは次のように記している。（妻への手紙）

「この講義を聞く特権を与えられた。私は自分の精神的能力が卓越しているとは思わなかったが、シャルンホルスト講師が私と同一の卓見をもっていることを確信した」

シャルンホルスト将軍と彼の実り多き師弟関係はこのとき始まり、それは将軍が一八一三年戦病死するまで続いた。

シャルンホルストはハノーファーの軍隊に勤務中、フランス革命軍と戦ったとき、フランス軍の戦闘方式の新しさに着目した。プロイセンなど保守的な王国の軍隊ではいわば傭兵《ようへい》が主力だったのに対し、フランス軍は祖国愛に燃え革命を信奉する国民兵であり、規律も正しく戦争中に脱走兵も出なかった。このことに感銘を受けたシャルンホルストは、一八〇一年プロイセン軍に移籍すると、自国の軍隊もフランス軍のような整然とした国民軍にすべきだと確信し、若い将校たちにもそうした新しい考え方を開陳した。

クラウゼヴィッツはこのことに感銘を受け、後に『戦争論』の中で対仏戦争について次のように述べた。

「今や戦争は、根本的に全国民が参加するものとなった。われわれは、自分を国家の市民とみなしている三千万国民（フランス国民）を相手に戦っているのだ。フランスでは従来と違い、全国民が戦争に関与することによって内閣や軍部の重さでなく、全国民の重さが天秤の秤皿の上にのせられているのだ」（『戦争論』第三巻）

彼は戦争は単に一部政治家や軍人の裁量によって行われるのではなく、全国民が加わるものであり、それだけにフランス軍の強さを痛感したと述べたわけだ。

クラウゼヴィッツはシャルンホルスト将軍の推薦により、プロイセン王家のアウグスト親王の副官に任じられた。さらに一八〇三年から四年にかけての冬、宮中舞踏会で伯爵令嬢のマリー・フォン・ブリュールと知り合いになった。彼女はザクセンの大臣の孫にあたり、プロイセン皇太子の養育係であった父は一八〇二年にすでに死亡していた。彼女は一七七九年六月三日ワルシャワで生まれ、カールより一年年長であった。彼女はとくに美人ではないが、優しく明朗であり、とくに知性が優れていたため宮廷の他の女性たちから傑出していた。

カールとマリーはその後宮廷や劇場でめぐりあい、親交を深めてやがてお互いの恋愛感情は深まっていった。ところが、国際情勢が激変しすぐに結婚というわけにはいかなかった。一八〇五年ナポレオンはアウステルリッツの戦いでロシア・オーストリアの連合軍に大勝した。その際プロイセンは中立を保ちこの戦いには加わらなかったが、傲慢なナポレオンは今度はプロイセンを一八〇六年攻撃してきた。

カールとマリーは一八〇六年、カールがナポレオン軍と戦うため出征する前に密かに婚約した。しかしマリーの母親は、格式ある家柄に育った自分の娘と貧乏な軍人との結婚には反対であった。その母もついに娘の決意にほだされて二人の結婚を承認したものの、実際に二人が結婚できたのはイエナの戦いの四年あとの一九一〇年のことであった。

＊　＊　＊

一八〇六年秋ナポレオンはプロイセン征服に乗り出した。アウグスト親王はこの戦争で擲弾兵《てきだん》大隊を指揮し、副官のカールは戦闘ではもっぱら狙撃兵の指導にあたった。

十月十四日ナポレオン軍によりプロイセン軍はイエナおよびアウエルシュテットで壊滅的な打撃を受けた。プロイセン軍は敗北したあと、退却したものの随所でフランス軍に捕捉され、またマクデブルクなど重要なプロイセンの要塞守備兵も簡単に降伏した。プロイセン軍の司令官の一部は勇気と決断力に欠けていた。とりわけ当初イエナに陣取っていたホーエンローエ軍は敗退後、要塞にたてこもって、それを防衛することもなくフランス軍の追撃を恐れて、ひたすら逃げまどい、ついにプレンツラウで捕捉され降服というふがいなさを示した。

それではクラウゼヴィッツ自身はこの戦いでどのような活動をしたのであろう。彼はこれについて次のように述べている。

「私が副官をつとめたアウグスト親王の擲弾兵大隊は後衛軍であったが、プレンツラウに入る直前に遮断され、フランスのボーモン将軍麾下の四個騎兵連隊の攻撃を受けた。そこで二四〇人からなる親王の大隊は方陣を作り、プレンツラウ後方三・二キロのプーゼヴァルクに向かう路上まで撤退した。親王の方陣は長時間砲火にさらされ、七回攻撃されたあと、ユッケル低地に退避し、大隊全員がそこに立てこもった。ところが方陣は撃破され、親王も擲弾兵も敵軍に次々にとらえられた。しかしフリードリヒ大王の甥であるアウグスト親王の勇気ある行動は再び故大王の名声を高めるものであった」(一八〇六年一〇月の大戦争についての歴史的書簡より)

＊　＊　＊

二ヵ月後の一八〇七年一月、クラウゼヴィッツはアウグスト親王と共に捕虜としてフランスに送られた。抑留の場所は最初はナンシー、ついでソアッソンである。

この戦勝国のただ中にある異境の土地で、クラウゼヴィッツはひたすら、はるかなる祖国プロイセンの敗因を分析した。また、恋人マリーへの思いは寸時も彼の脳裏を離れず、暇をみては彼女におのれの近況や心情を伝える手紙を送った。

ところで敗戦国プロイセンは、一八〇七年七月九日、フランスと屈辱的な和平条約を結び、それにより国民と領土のほぼ半分を失った。戦争の捕虜たちは順次故国へ送還された。クラウゼヴィッツはアウグスト親王と共に八月一日、ソアッソンを去る許可をえた。けれどもなお二ヵ月、帰国を可能とする旅券の発行を待たねばならなかった。その間、二人はスイスに赴きレマン湖畔にあるスタール夫人（一七六六～一八一七、フランスの女流文学者。ゲーテ、シラー、フィヒテらと親交があり卓越した『ドイツ論』の著者として知られる）の所有地で時を過ごした。スタール夫人のほかにたまたま同地を訪れたドイツの詩人かつ評論家アウグスト・ヴィルヘルム・シュレーゲルと話し合い、クラウゼヴィッツの文学への情熱を大いに高めた。

このようなすぐれた環境にあっても彼の故国と恋人への思いはつのるばかりであった。十月はじめ待望の旅券を手にした親王とクラウゼヴィッツは故国に旅立ち、四週間後には再びベルリンに戻ることになった。

多忙だった人でも幽囚の時を送ったとき、はじめて精神的余裕を得、おのれの生涯の回想や森羅万象についての見解を執筆する機会に恵まれることがしばしばある。女性との恋愛体験で有名なカサノヴァもヴェネチアの牢獄に入れられたとき、閑暇を利用してかの『回想録』を執筆し、それがイタリア文学の最高傑作となった。日本でも大杉栄はじめ多くのすぐれた獄中記があり、読者に感銘を与えている。クラウゼヴィッツもそれこそ幼年時代からの軍隊生活で多忙をきわめ、おのれの生活体験や意見を開陳するひまなどなかったであろう。だが、幸か不幸かフランスでの幽囚の日々を送るうちに、いいなづけのマリーに膨大な量の手紙を書いた。これにはクラウゼヴィッツの鬱積した心情が詩的表現を伴って詳細に開陳されている。もっとも幽閉される以前の書簡もいくつか残っているし、彼が虜囚の身となった原因である、祖国プロイセンのイエナ・アウエルシュテットの敗戦についても、前述したように特別の書簡体の論文もある。

そこで本章では、これらの資料を中心に、イエナ戦以前から虜囚の日々を経て帰国に至るまでのクラウゼヴィッツの所信をほぼ年代順に紹介していこう。

一八〇六年十月のイエナ戦前

マリーへの手紙

一八〇六年八月三十日　ザクセン

◉──戦前の憂愁

生命の焔が少しでも私の中にある限り、神は私を絶望させないであろう。私は勇気と期待を失ったあらゆるドイツ人を軽蔑する。勇気と期待さえあれば、ドイツ人は逆境にあって、苦悩しながらも危険な活動に欣然《きんぜん》として取り組むであろう。

イエナの敗戦、そしてプロイセン北部で虜囚の身となる

マリーへの手紙

一八〇六年十二月一日　ノイルピン

◉——敗戦という悲劇の幕開け

われわれは砲火からやっと救われた。しかし、これは悲劇の第四幕に入っただけである。**われわれは危険から脱出したと信じたときに、実は不幸をまき散らす悪意ある偶然の罠《わな》におちいったのだ。**

◉—心の傷

私は悲壮な体験をした。私の心は血だらけの傷を負った。しかし私の最終的希望は何ら乱されることはない。

（同前）

◉—歴史と人間の生活

人間の生活などは、歴史上の諸国民の能力をはかる尺度の中では単なる小さな一点にすぎない。

（同前）

一八〇六年十二月十三日　ノイルピン

◉――重病人におちいった国家

重病人に比すべきわが国の状況に対し、自然はどんな効果的な力を与えてくれるであろうか？

私は、普通刺激と呼ばれている以上の効果的力を知らない。**もし刺激がなければ、現存のすべての力は無駄となり肉体は単に活力を欠く肥満状態になるだろう。**病者であるわれわれはひたすらこの道をたどっている。

◉—国家の品格

一八〇七年一月九日　移送中のフランクフルト

いかにすべてが変化したことか！　**期待と財産はことごとく失われてしまった！　敗北した祖国の孤児（みなしご）ともいうべきわれわれは、ただあたりをうろつきまわるだけで、われわれがその建設につとめた国家の栄光は消滅した。**だが寺院の華麗な建物の中には、きわめて小さな装飾品があり、それがおのれの崇高な使命と誇りの象徴と感じることもある。それと同様、国家の品格向上と共にわれわれの意識は向上するだろう。だが今はさしあたり寺院の廃墟に、屋根が木造の貧弱な小屋を建てる他はないのだ。

◉—フランスに連行され国境を越えたときの寂寥感

一八〇七年一月十六日　国境近くのフランス領内

私は、はじめてドイツの守護神が完全に消滅し、フランス語だけしか耳に入らなくなったとき、いかなる感慨にふけったただろうか！　これは、まさしくきわめて不愉快な瞬間であった。

◉──フランス国内での幽囚生活

この不運、恥辱、そして屈従の連鎖はいつ終わるのであろう。私は少年時、神に、自分がその頃とはまったく違った時代に生きることを願った。そうしたことがなければ、私はいたずらに甘美な迷妄のとりこになってしまったであろう。**多くの人が、墓場の傍《そば》におりながら、絶望のあまり墓穴の中に飛び込もうとしないのは私には分からない。**

一月二十三日　ナンシー

◉──期待と願望が私を勇壮に駆りたてる

このナンシーでの生活で、私がどんな悲壮な感覚を抱いているかを君に告げることはできない。私はその真相をいくら望んでも君に伝えることは不可能だ。しかし、ここで暮らしているうちに過去についての何千もの追憶が出現する。なかでも**不幸な状況に直面したときでも、私のすべての期待と願望が合体し、自ら意識することなく、私を勇壮に駆りたてていった瞬間があったこと**が思い出される。

一八〇七年一月二十八日　ナンシー

（同前）

◉—恩師で上官のシャルンホルスト

彼は私の精神の父であり友である。さらに、彼に対する、愚者や悪者による不正な非難に対抗し私が心底から彼を擁護するようになって以来、彼はますます私にとって貴重な存在となった。**また私が感謝しているのは、彼が不運不幸の断崖に立ってもけっして勇気を失わなかったことだ。**プロイセンの最良の軍人でも、実はこの点で非難されているのだ。しかし彼はこうした活動、こうした肉体的、精神的なエネルギーを放出する大活躍にもかかわらず、旧態依然たる体制の下で苦悩しなければならなかったのだ。

一八〇七年三月二十九日　パリ

◉—二大画家

私はラファエルについては人間像の美に、そしてルーベンスについては構成の美に感嘆した。私はパリの美術館を訪れた際、ただこの二人の巨匠の作品を見ることのみに専念した。それは私の弱々しい感受性を窒息させないためであった。

一八〇七年四月二日　パリ

◉——敗戦の感想

軍に復帰することが私の最高の要求である。マリー、どうか考えて欲しい。私は今回のイエナ戦で見たものは、ただ、劣悪な哀れむべき状態のみであった。私は、少なくとも、たとえ卓越したものでなくとも、学校で教えるような正確な状況を把握することを願ったのである。**われわれが敗者として、ぜひ勝ちたいという気持ちが高まったときこそ必勝法が貴重になる。敵をある地点で撃退するのを目撃したいという気持ち——これこそ光栄ある勝利の発端である——だけでも私には筆舌につくしがたい魅力がある。**わが軍はあの丘で敵軍を大きく後退させるのに成功する。そして見よ！　わが軍の最も勇敢な期待、心からなる願望、最も美しい空想がただちに現実となる。壮大な行動だ、諸国民の運命は反転する。わが軍の名声は永遠である！　私は自分が作戦について学んだことが少なからず実現されたことをこの目で見た。私は現実のただ中に認識したのは、理論が私に教えてくれたことの正しさであり、いたるところで作戦手段の有効性を確信した。この多様な手段をいずれ現実に適用させたいという欲望が強まった。

一八〇七年四月二十八日　ソアッソン

●──われわれは解放されねばならない

フリードリヒ大王の彫像がシュテッティンから撤去され、また大選挙侯が捕虜となり連行されたとも言われている。われわれにとってもっとも尊敬されている対象が今やフランスでは俗人の好奇心を満足させる代物《しろもの》に過ぎず、ベルリンのブランデンブルク凱旋門《がいせんもん》の勝利の馬車は、パリで戦利品の一つとして展示されている。ここでフランスのある名言を伝えよう。

「自由が失われた。名誉は差し押さえられた。宝は奪われた」

この名言にとくにドイツ人のために次のように付け加えたい。

「だがわれわれは、この年が終わるまでに、解放されねばなるまい！」

一八〇七年六月二日　ソアッソン

◉——孤独の楽しみ

アウグスト親王は、二度目のパリ訪問に出かけられた。私はしばらくぶりに、はじめて数週間自由な時間を得ることになった。だが私はこの孤独を恐れ始めた。それというのも、**私にとって孤独は、純粋な喜びかあるいは逆に深い悲しみの状態にあるときのみ、望ましいからだ。期待と恐怖が交互に心を動揺させるとき、恐怖に対抗して抱く諦念が期待によって妨害される有様になる。**そうしたことから親王ご不在のこの数週間、私は、自分の心情と感覚にふさわしいような少数者を大勢の知り合いの中から求めて接してゆくつもりだ。私のように孤独の中に暮らしている者にとって、こうした知己を得ようとする試みは大変魅力があるのだ。ところで私は、自分とアウグスト親王との間の性格の相違を、自分に好意をもってくれる人びとにしか、はっきり述べたことはなかった。そして社交において当初は互いに密接に結び合っている人々がしだいに離れてゆく有様を見るのは興味深い。その際人々は一つのグループからはなれると、逆に、別のグループに近づいてゆくという状況をくりかえすのだ。

一八〇七年六月一五日　ソアッソン

◉──運命の転期を待つ

われわれの運命はますます異常になった。しかしわれわれはけっして俗悪な恥辱の中に埋没してしまうことはあるまい。さらに**痛感させられるのは、言うに言われぬ屈辱と嘲笑にさらさせているこの温室内のような凡庸《ぼんよう》な生活がいつまでもそのまま続くわけはないということだ。**私が常時信じている恐るべき危機の到来する時点、まるで患者が医師のメスを待つように、私がひたすら戦慄しつつ期待している時点が、いよいよ近づいてきたように思われる。まだそれが、いつであるかは分からない。しかし私は極限状況が異常なものを生み出すと考えている。おお神よ、私を拘束している手枷足枷は、何と重いことであろう。

かつてバトラーという詩人が三十年戦争について歌った次の詩句は、何と現代に適合していることであろう。

今や時代最大の瞬間が来た
この時代は勇敢かつ決断力ある者のみにふさわしい
ばら銭が一つの手から他の手へ移ってゆくように
都市も城も、そそくさと所有者を変えてゆく

旧家の師弟も放浪の旅に出かけてゆく
まったく新しい紋章や名称が出現する
ドイツの土地には、歓迎すべからざる者があらわれる
北欧の民が、どっかとみこしをすえようとしている
強者がハシゴをかけることができないほど高い城壁はない

（同前）

◉――クラウゼヴィッツの自作詩

私は今、書生流のつたない次の自作の詩の一節を君にささげる……私はこの詩で君の気持ちに訴えようと思っている。

朗らかな春、太陽神が降下する
アポロンのまなざしを受け、目覚めた
大地の花は一斉に装いを新たにする
人の心にも希望が戻ってくる

神の手が人にさしのべられる
愛すべき自然は、なごやかで美しい
静かなたのしい至福が
かぐわしく色とりどりの大地にみなぎる

人にとっては自然のまなざしの中にこそ

心からなる平和と、けだかい喜びがある
まるで最愛の妹に対するように人は自然を抱きしめる

自然の魅力によって目はくらみ
自然の愛によって、心ははずむ
だが、血なまぐさい戦場から目をそむけるとき
人は、復讐の責任を回避したことになる。

戦場の破壊の場面からようやく逃れたが
私の空想はなおも躍動する
すばらしいマリー、君の姿、
朗らかで、愛すべき姿が、目にうかんでくる

確かに平凡な詩句だが、最後の二つの詩句は虜囚の身となったクララゼヴィッツの決意とマリーへの愛がうかがわれる。

一八〇七年六月二十五日　ソアッソン

◉——祖国のない人間

私には未来が何千マイルの彼方に移動してしまったように思われる。私と未来の間には何のつながりもない。あらゆる期待もはるかかなたにある。終戦後の新段階に入るという期待すらない。いかなる事物の痕跡すらないのが私の生活だ。**祖国のない人間、こんな恐ろしい思いがあるだろうか！**　そうした者の生活は、何事にも役立たない。飛散した織物の一片の糸にすぎない。

一八〇七年七月三日　ソアッソン

◉──少年兵時代の精神の高揚

私は若き日、読書にはげむうち偶然、秘密結社の書物や人格完成をうたった書物を手にした。これにより少年兵であった私の虚栄心は一挙にきわめて哲学的な渇望にまで高揚した。私はまさに熱狂的気分になった。私にはもともとそんな傾向はなかったはずなのに極度に精神が高揚した有様になったのだ。もしこうした**熱狂ぶりがその後も持続し、それがうまく活用されていれば、私は今よりはるかに卓越した知識人になっていたかもしれない。**

その後小さな守備隊の中で、物事も自然もきわめて平凡な状態の中で暮らしているうち、私の生き方も大多数の平凡な同僚たちとまったく変わらないようになってしまった。ただ私には、思想や文学に対する関心があり、それに軍事方面でも功績をあげたいという野望があったので、前述の精神の躍動のいくらかは残っていた。

（同前）

◉——いかなる方向に向かって努力すべきか

　私は一八〇一年ベルリンに赴任したとき、有名人ですら私と親しくなるのをけっして些事と思っていないことが分かった。それは私の好みや傾向が一貫して私の行動や希望と一致しているからであった。それ以来、**私は常に自分の生活とそれに関連することがらに関する理想を世の中で実現していこうとつとめた。私自身は自分の立場、職務を、世の中で支配的な大きな政治的出来事とを照らし合わせ考えた。これにより、私はいかなる方向に向かって努力してゆくべきか、はっきりと認識すべくつとめた。**私は自分の見解を何度も検討した。幸いにも私の感受性は向上し、しかるべき第一段階に到達し、壮大な出来事や偉大な思想に取り組むことによっておのれの心情を高揚させ、浄化させることができた。かくして私は二十七歳となり、欠点だらけではあった自分の仕事、業績の修理、向上につとめるようになった。

（同前）

◉——マリーとの出会い

愛するマリーよ、はじめて君と会ったとき私は君こそ私にとって本当の親友となるに違いないと考えた。私は、これと決まった性質、これと決まった顔付きをとくに好んでいるので、そうした特徴をもつ人に対しては、ただちに好意を抱くばかりでなく、もしその人が私と知り合いになったならば、きっと好意をもってくれるだろうと確信していたからである。

気質のうえからいっても君ほどこうした私の理想像にぴったり合った人はいなかった。それに**男性が内面の豊かな女性と友情をもつことは特別の魅力がある。**友人や知己にも恵まれない環境にあった私にとって君と友人になれるという考えはまさに魅力的であり、そのことは私たちがまだ一言も話し合うことがなかった最初の瞬間から私の決意となった。

◉——ティルジット和平条約の締結とスイス滞在

一八〇七年七月三十一日　ソアッソン

この条約は一八〇七年七月九日同地で締結され、プロイセンは国土と住民の約半分を失った。

われわれにとって苛酷な和平条件だ。私は何と幼稚であったろう。私は何か他の成り行きを期待できたのか？　何かほかの事態を望んでいたのか？　いやそんなことはないが、私はすべてを一瞬のうちに失って絶望した人間そのものとなった！　このように現実は単なる想像とは違い、事物の外的現象は内的本質とは異なっている。ある強国の運命が最後のどたんばで悲劇的に決定される瞬間を考えてみるがよい。この国家は、一瞬のうちに何百年もかけてつくりあげた装備を奪われ、まるで建国当時のように単純な有様になってしまった。

多くの賢人識者がけんめいの努力をし、苦心してつくりあげた多くの事物が、多くの人々の血涙の結晶が、それにわが国のすべての偉大さ、幸福が、われわれの弱さの代償として犠牲に供されてしまったのだ。われわれはまったく敵国の掌中におさめられ、すべての国内の活力と外国からの援助をなくした。もしフランス軍が今後ともプロイセン諸地方の占領を続けるなら、われわれは最悪の事態を予測しなければなるまい。私は世界で何か事件が起こってこのことを妨げるとは思わない。ともかくわれわれは悲惨な事態を予想しなくてはならない。

スイス滞在中

マリーへの手紙

一八〇七年九月一日　コペ（レマン湖畔）

◉――変わり者出現への期待

われわれには変わり者が必要だ。変わり者なら報酬の多寡にかかわらず十分に働いてくれるからだ。もっともそうした人物の出現はめったにない。だれしもがすべて昔どおり生活することのみ考え、ひたすら平穏でいたいという気持ちから異常な努力などをする気力はない。しかも、平凡な日常的目標すら達せられない。ところが彼らは無味乾燥な生活をしているうちにおよそ予想しなかった苛酷な運命を体験せねばならないのだ。

（同前）

◉――哀れむべきドイツ人の精神

諸現象がとてつもない結末を生んでも、人々は、まるで手足が凍傷にかかった人物が、白い膏薬をぬってがまんしているように甘受している。ドイツ人の精神はますます哀れむべき状態になった。**いたるところに見受けられるのは、無定見と、根性の弱さばかり、まったく私の目にも涙がたまってくる。**

◉——精神を退廃させてきた害毒を一掃すべし

（同前）

プロイセン国王は、不幸のただ中にあっても威厳を保たれた。しかしこうした個々の実例は、あまり影響力をもつことはあるまい。わが国民は品位を欠くようになったが、やはり向上への意欲を喚起すべきである。私は平和の状態とその手持ちのわずかな財貨について言っているのではない。戦時にこそ活力ある手段が大いに開発される。もし本心を吐露することが許されるならば、私は、残忍非道に思われる手段を用いても可なりと言いたい。**怠惰な動物を鞭打って興奮させ、それまで、甘受してきた鎖を破らせるのだ。私は、これまでドイツ民族全体の精神を退廃させてきた害毒を一掃させるような、強力な薬剤のように破壊的な力をもつ風潮がドイツに出現することを望んでいる。**

（同前）

◉──二人の知己

マリーよ、君は偉大な精神と深く物事に浸透する知能を授かっている。私にとって君は女友達であると同時に恋人である。**おのれが尊敬し、信頼している人々におのれの真意を伝えるのはまさに魅力的なことだ。**このような愛情と信頼の気持ちを私は広い世界でただ二人の人間にのみ抱いている。その一人は君、もう一人はシャルンホルスト将軍だ。この二人と同じくらい私の生涯で権能をもつ第三の人間を求めるのは困難であろう。

一八〇七年九月十五日　コペ

◉──学問か剣か

戦時でなければ自分は軍人であってもなくてもよい。もし私に財政的余裕があるならば、私は、田舎にひきこみ、歴史と作戦の研究にはげみ、再び軍務につくよう命ぜられる日が来るまでおとなしく待っていたい。しかし今のところそんな余裕はない。**私は腰に帯びる剣以外の何物も所有していないからだ。**

（同前）

◉――シュレーゲルの教え

私はアウグスト・ヴィルヘルム・シュレーゲル［一七六七〜一八四一、ドイツのロマン派詩人で文芸評論家］**と会えてたいへん嬉《うれ》しかった。彼は勇敢で寛大、しかもフランスに対してしかるべき敵意をもつ愛国的ドイツ人である。彼にはあまりにもドイツ人的気質《かたぎ》がはっきりしているので親愛感をもたざるをえない。**彼は私にそのすぐれた側面を見せてくれた。とくに貴重だったのは、彼が中世ドイツとくに九世紀およびそれ以後の詩について教えてくれたことだ。彼の教えは私にとって唯一のなぐさめとなった。

（同前）

◉――スパルタも長続きせず

数世紀も存続し、効果をあげてきた市民社会のもっとも崇高な制度も、それがいずれは崩壊するとの原則を内に秘めている。スパルタにとってリュクルゴス［伝説的なスパルタの軍国主義的政治家］の立法ほど賢明なものはあったろうか？　この立法はスパルタに数百年にわたり国内平穏の比較を絶する幸福と高貴かつ雄壮な人々の生活を保証してきた。それでもスパルタという国家は長く存続できなかった。ローマ人がやってきたからだ。――**偉大なる宗教の創設ほど崇高なものがあろうか？　だが、まさに宗教に権力と栄光を与えるはずの教理が仇になり崩壊消滅しなかった宗教は一つもない。**

◉——近代社会の制度も崩壊する

美徳が人間社会に与えるすばらしい影響は永続するだろう。しかしこうした普遍的世界精神は市民の平凡な日常的法律の中にすんなり取り上げられることはない。現代の法制度は、時代の流れがまわりの環境を破壊するか、あるいは今までとは違った状況をつくりあげるやいなや、数年後にこわされてしまう。

（同前）

（同前）

◉――レマン湖畔の自然

レマン湖畔での私の生活についてひとこと述べよう。このあたりは世界でもっとも美しいとされているばかりか、スイスでも独特の景観をもっている。……周知のようにユラ山脈とスイスのアルプスの山脈の間に挟まれ、北東から南西の方向に広い谷間がある。ここには豊かな耕地があるが、その中央にレマン湖が位置している。湖面は青々としており、まるで大平原のように広い面積をもっている。そのため、湖の両側にはいたって狭い土地しか残されていない。コペから見るとレマン湖の一端はジュネーブであるが、他端は永遠の夜と言われる地上の秘境から流出した激流ロダン川の出口となっている。……スイスの英雄ヴィルヘルム・テルは自分の息子に「国土はまるで庭のようだね」と言ったそうだが、私もこの尊い言葉を想起せずにあたりを散歩することはない。いたるところが、耕作され、緑の生垣《いけがき》にかこまれている。

自然がどんなにすばらしい生物をこの地にもたらしたかは、どこを歩いても孤独な散歩者につきまとってくる鳥の大きさによっておしはかられる。

いたるところ緑に恵まれ、生命は活力にあふれている。小動物が豊かに暮らしているという思いにふけっていいても許されることであろう。人間も同じだ。そこでもっとも悲惨な生活をおくる

者でも、レマン湖畔で明朗で平穏な光を浴びたときは、その光明を暗いおのれの胸の中に吸いこむことであろう。

イエナ・アウエルシュテットの戦いの反省

これはマリーへの手紙の中の言葉ではなく、クラウゼヴィッツが一八〇七年『ミネルヴァ』誌の編集者に送った書簡体の三つの論文「イエナ・アウエルシュテットの戦い」の中から選び出したクラウゼヴィッツの言葉である。彼は三書簡のうち第一、第二の書簡を捕虜として滞在したフランスから、そして第三書簡を釈放帰国後、執筆し発表した。

◉―真の洞察で真相を認識する

一般大衆にとってイエナ・アウエルシュテットの敗戦は、驚くべき信じられないことのように思われた。私が信じるところによれば、彼らの多くには深い洞察が欠けている。**そもそも真の洞察に従えば、大自然の不思議な現象に接してもそのなかの奇妙不可思議な部分に振り回されることなく、それらの部分をも単純な人間悟性の法則に従わせる方法手段を用い真相を認識することができる。**

◉——英雄を死の戦場に踏みとどまらせるもの

緒戦でルートヴィヒ（愛称ルイ）親王が戦死された。それはひとえに親王の勇敢さのせいだ。親王の軍が敗れ、自ら戦傷を負われたとき、親王は退却されればご自分の命を助けることができたのだが、あえて親王は踏みとどまれたのだ。

ところがこうした親王の態度を非難したばかりか嘲弄《ちょうろう》したものすらあったと聞く。何たることか！　**そもそも人間の本性がわれわれの心情の神聖な琴線に触れるとき、心ある者はすべて、嘲弄するような軽率な行動を避けねばならない。英雄を死の戦場に踏みとどまらせる感情はまさに超人的である。**

◉——戦術の第一条件は勇敢であること

私は戦術は勇敢であることを第一条件としている以上、もろもろの作戦の困難も勇敢さによって克服できると信じている。

問題は能力の限界ではなく秩序と戦闘力の限界である

今回の戦いにおいて、フランス軍は戦争の歴史の中でも前代未聞の新行軍方式を採用した。彼らは必要とあらば一日一一キロから一三キロ行進できた。これまでは強行軍としても一日六・四キロが限度とされてきたから、フランス軍が八日間で四八キロも進撃したのはまさに驚くべきである。**問題は、人間の能力の限界ではなく秩序と戦闘力の限界である。**

自主性は戦闘の力

毎日八キロも九キロも続けて行進する軍隊では半分が落伍者になるとされてきた。彼らは激戦時には、そんな行軍疲れが激しく、その間休んでいた敵軍にはなかなか対抗できまい。だが軍が**意志を強固に保ち、道具によって自分の手が動かせられるのではなく、自分の手が道具を動かすのだという自主性をもっている限り、戦闘力を失わないであろう。**さもないと敵軍によって殲滅《せんめつ》させられる恐れがある。

第二章　苦節五年　臥薪嘗胆の日々

一八〇七年十一月、クラウゼヴィッツとアウグスト親王は、ベルリンに戻った。この首都は、プロイセン全土と同様、フランスの占領軍によって占拠された。クラウゼヴィッツには、ベルリンにフランス軍が大きな顔をして御輿《みこし》をすえていることは、まさに苦痛であった。なじみ深い道路や広場に、フランス軍部隊が行進したりたむろしているのを見るのがつらかった。プロイセンの宮廷は首都を逃げ出し北の辺地メーメル（現在、リトアニア領クライペ）に移転した。マリーと会うのも当時の習わしからいってなかなかむずかしかった。相手は伯爵令嬢、二人の身分の格差がありすぎると見られていたからだ。

彼の軍人としての生活も多難であった。彼は何はともあれシャルンホルストとの関係を再開しようとした。それというのも、プロイセン軍再建について二人とも共通の認識があり、その実現のためにきわめて意欲的であったからだ。敗戦後のプロイセン自体の改革への動きも高まってきた。早くも一八〇七年七月、軍事組織委員会が設立され、十月には農民解放の勅令が発せられ、また大物の政治家シュタインが首相に就任した。

そのうち軍事組織委員会長となったシャルンホルストは、――戦術や技術の革新とともに――フランス革命軍にならってプロイセン国民兵の創設のために努力した。これには国家と国民との新しい関係を作り出さねばならないわけだが、傭兵《ようへい》でなく国民の自発的参加による軍隊をつくるという点では、シュタイン首相、シャルンホルストそれにクラウゼヴィッツの考えは一致し、やがてクラウゼヴィッツは、アウグスト親王の副官の職を解かれ、シャルンホルスト将軍直属になった。このあたりの動きを年代順位見ると次のとおりである。

〈一八〇八年〉三月末クラウゼヴィッツはアウグスト親王の副官としてメーメルからケーニヒスベルクに移った宮廷に向かう。ここでシャルンホルストに再会し、彼の軍事改革計画に協力することになる。

〈一八〇九年〉二月末正式の大尉となり、親王の副官を辞めシャルンホルストに直属する。九月には改革されたプロイセン軍の演習に参加する。この年の十二月三十一日、プロイセン宮廷は、ケーニヒスベルクからベルリンに復帰する。

〈一八一〇年〉シャルンホルスト陸相の部下として陸軍省に入る。八月末、ブリュール伯爵令嬢マリーと婚約し、少佐に昇進する。ベルリンの陸軍の学校で戦術の教官となる。皇太子フリードリヒ・ヴィルヘルム、その弟で後に皇帝となるヴィルヘルム一世、それにオランダのフリードリヒ親王の顧問となる。十二月十七日には待望のマリーとの結婚式がベルリンで行われる。
〈一八一一年〉シュレジェンに旅行。
〈一八一二年〉二月、「告白」を執筆。三月、プロイセン軍からの辞職を願い出る。三月三十一日、ベルリンを出発、東プロイセンに赴き、さらにロシア軍に勤務することが決まる。

その後いよいよナポレオン軍のロシア遠征が始まり、彼もフランス軍と戦うわけだが、一八一二年以後の動きは次章にゆずるとして、ここでは主としてプロイセン軍改革の動きは進んだものの、プロイセン宮廷のあまりにも親仏的態度に嫌気がさして、クラウゼヴィッツがロシア軍の一員となったいきさつを述べてみよう。

シャルンホルストらはプロイセン軍の改革につとめた。イエナの敗戦後ナポレオンの命により、プロイセン軍は四万二〇〇〇人に制限されたが、彼らはたくみに補充兵を養成する方法を導入し、プロイセン軍の兵力倍増につとめた。またヨーロッパ各地で反ナポレオンの動きが強まり、とくにスペインでは反乱が起こり、それをイギリス軍が応援したためフランス軍は苦戦した。

それでも大地主ユンカーに支えられたプロイセン王室は親仏姿勢を変えようとはしなかった。

一八一二年三月五日、プロイセン国王フリードリヒ・ヴィルヘルム三世は、フランス―プロイセン同盟条約に批准した。これによりフランスが自由にプロイセンを通ってロシアに侵入する道が開かれた。それにフランスが、プロイセン国内で食料などを現地調達する権利が認められた。

さらにナポレオンは同盟国のプロイセンの陸軍の半数をロシア遠征の際に同行させることになった。こんな有様では、プロイセン軍を改革し反仏闘争に乗り出すどころではない。クラウゼヴィッツの同志であるグナイゼナウ将軍は三月一日、イギリスに逃れ、ボーエン、リュツォフ、デルンベルクらはロシアに入った。シャルンホルストも無期限の休暇をとり、シュレジェンに引きこもったが、プロイセン王は実は密かに将軍を監視させた。クラウゼヴィッツも反仏路線をとり彼らと行を共にする決意を固め、プロイセン陸軍を辞職した後、三月三十一日、愛妻を残してベルリンを去りロシアに赴き、五月には反ナポレオンのロシア軍に勤務することになった。プロイセン国王は彼の行動におかんむりだった。欠席裁判の結果、クラウゼヴィッツの財産は差し押さえ(国庫へ編入)られることになった。

本項ではクラウゼヴィッツがプロイセンに帰国してから陸軍を辞職しロシアに向かうまでの苦難時代に送った婚約者のちには妻のマリーへの手紙の中の言葉とともに、彼の「告白」の一部を伝えることにする。

「告白」は一六七頁ほどの論文だが、これをクラウゼヴィッツから受けとったグナイゼナウ将軍（一七六〇〜一八三〇、伯爵、後にプロイセンの陸軍元帥）は、この反仏的論調に驚いて公表を避け、私物の書類の中に隠しておいたという。なにしろクラウゼヴィッツは「告白」の中で、プロイセンが自主的に武装解除をすると誓い、暴君ナポレオンにおもねりその信頼をうることに汲汲とするのは愚の骨頂であると述べるなど、激しい反仏感情をあらわにしていた。そのためもあり「告白」が明るみに出たのは一八七〇年の普仏戦争の頃、それでも当時大変高く評価された。またナチスドイツにも歓迎されたと言われている。「告白」は三部に分かれており、その第一部は、激烈な言葉でプロイセン改革の意向を述べ、第二部、第三部は、それよりいささか穏やかな調子で当時のプロイセンの政治的、経済的、軍事的状況を分析している。

隠忍自重の日々

マリーへの手紙

一八〇八年四月　ケーニヒスベルク

◉——冷淡な国王

国王陛下は私にまことに恩慈あふるる態度を示された。何しろ、二言三言、言葉をかけてくださったのだから。ところで私が一種の因習に従って勲章を受け、臨時ではなく本格的な大尉に昇進するかどうかについて憂慮するのは不適切であると思う。

そもそも因習は今でも存続していると思うが、不幸なことに、私はそのありがたい恩恵の圏内に入ってはいないようだ。しかしこれは幸運だったかもしれない。なぜなら**因習のお世話になり中途半端な生き方をするのを私は欲しない**からである。

一八〇八年四月十五日　ケーニヒスベルク

◉——フィヒテの哲学に共感

多くの点で私はフィヒテ〔一七六二〜一八一四、ドイツ観念論哲学の代表者の一人。自我の重要性を説いた『知識学』が主著。フランス軍占領下でドイツ国民の自覚を促した『ドイツ国民に告ぐ』が有名〕**に多くの点で同調する。だが彼の思考はあまりにも抽象的だ。フィヒテはまた歴史と経験の世界との比較を非常に恐れた。ただ彼が人間の使命や宗教について述べていることには共感が寄せられる。**もし時間的余裕があれば私はぜひ彼の哲学講話を聴講したい。彼の論旨が私にはぴったり適合しているからだ。私の理論的思考はフィヒテを読むと新たに目覚めさせられ刺激される。

一八〇八年十二月四日　ケーニヒスベルク

◉——反仏硬骨漢シュタイン去る

シュタイン前首相［一七五七〜一八三一。一八〇四〜〇八年プロイセン首相。一八〇七年、農民解放、自由主義的な政治組織の導入を実施。その反仏的姿勢がナポレオンにうとまれ首相を辞任した］**は、ケーニヒスベルクを去った。彼がやっとお払い箱にされ、彼がこれまで妨げてきたもろもろの施策が再開されるはこびとなり、プロイセン宮廷は喜々とし、旧来のしきたりを享受することになった。廷臣たちは喜色満面、バレーや演劇を鑑賞して楽しんでいる。**だが私は残念だ。人を介して自分がシュタインに個人的に信頼されていたことを知り誇りに思っているのだ。

一八〇八年十二月二十二日　ケーニヒスベルク

◉―不愉快な環境

尊敬することのできない人々と暮らすのは生きる喜びを失わせる。まわりの人々すべての思考方式や感覚方式にとらわれないのは最高の利己主義なのだろうか？　ほとんどすべての人々の思考方式が軽蔑すべきものに思われるとき、それを受容するのがむしろ最大の不幸ではなかろうか。

私がこのように自分について述べたことは、実は精神を高揚させる能力のあるすべての人についてもあてはまることである。ただ彼らが、それを私のようにはっきりと感じていないために、私ほどわが国の現状と未来を十分に把握できないのだ。

一八〇八年十二月二十七日　ケーニヒスベルク

◉──すべてはナポレオンの暴政による

われわれの運命は恐ろしい暴君によって、すでにティルジットの和平条約の締結時に定められた。わが国の現状とさまざまな識者の発言からしてもけっしてこのことを疑えないであろう。フランス側はわれわれに訓戒を与えたり脅かしたりしている。そうしたフランス側の非難の原因をわれわれの行動の中に求めるべきではないと思う。問題はわれわれがいかに振る舞うかではなく、ナポレオンのわれわれを破滅させんとする決意だ。フランス側は、この最終目的達成のために、たとえ今日チャンスをつかめなかったとしても、容易に他のチャンスをつかもうとするだろう。その後の結果はすべて無だ！

おのれの立場を宣明できない国民は、勇敢な行動をすることなどますますできない。

◉――絶望的なドイツの運命

一八〇九年三月四日　ケーニヒスベルク

ドイツの運命は、どう見てもまったく暗く、絶望的である。われわれは実際に少しはましな運命にめぐりあうことができないのか、哀れなる祖国ドイツよ！　ドイツ人は誇り高い頭を低く垂れ、少なくとももしばらくは独立を失うばかりか、二〇〇〇年の間確固として続いてきた自主的な心構えをもなくしてしまった。

これがドイツの運命でありこれに反抗することは不可能だ。**なぜなら、外部の圧力よりも一〇倍も強力なものが、われわれの健康な体の一部を絶えず蝕んでいる。それはいかなる回復をも不可能にする毒素すなわちドイツ人の情けない心情である。**

没落するものはそうなる運命にある。瓦礫の下に埋もれてしまった者に幸いあれ！

一八〇九年四月二十三日　ケーニヒスベルク

◉——大変革が近づいた

今はなんと重大な瞬間であろう！　イエナの敗戦の頃より重大な時期だ。それは一つには大変革がますます近づき、今はこの大変革の寸前の状態にあるからであり、また一つにはあのころよりも多くの状況が、はるかに根拠ある期待と結びついてきたからである。独立のためのスペイン全国民の戦い、オーストリアの偉大なる努力と配慮、ドイツの世論、それにフランスの軍事力に見られる弱点などがそれである。これらの動きは少なくともすべてが単なる小競り合いで終わることはないとの予想を裏書きしている。今日のような戦時状態が続くうちに必ずやフランス軍の優位は失われ、祖国は救われるであろう。

われわれは今の状況以上に、ナポレオン自らの失策によって、すばらしい瞬間が短期間に到来すると期待できるだろうか？　このすばらしい瞬間には世界の救済を信じることができるだろうか？　だがこの瞬間はやってくる。もっともその日は人類の賢明さではなく運命のおかげでもたらされるのだ。

◉――私はいかにすべきか

私の個人的状態と未来については多くを語れない。ただ二つの事物を私は確信している。一つは、私が自分の祖国を裏切っては戦えない以上、国王がフランスの言いなりになって軍を進めるようになった暁には直ちに軍隊を辞めるということだ。もう一つは、自分がまったく傍観者の立場をとることはできないということだ。**私がおのれの使命を果たすという好機を逸したならば、今このときのための準備にすぎなかった私のこれまでの生活をすべて否定することになる。**

（同前）

◉——おのれの内部の心情のほかにご神託などない

（同前）

カトー〔前九五～四六、ウティカの人。ローマ共和国の政治家。カエサルの死後自殺。共和主義者の典型〕はジュピターにむかって、もし仲間たち市民が奴隷にされたら、自分は武装し戦死すべきかどうか、生命は長く続けばそれだけ価値が増すものか、生命の長さは価値の高下を決める尺度になるのかなどと訊《たず》ねたという。カトーの心はすでにこれらの問いに答えていた。**おのれ内部の心情の他にご神託などはない。**——人類が普通賢明さなどといっているものもすべてこのカトーの決意に従うべきものであると私は信じる。とはいえ軽挙妄動は私の性格には合わない。

一八〇九年五月十日　ケーニヒスベルク

◉——人間の終末はその美徳をさらに高揚させる

人間の終末はその美徳をさらに高揚させる。そして最初は権利と義務感情の侵害と考えられた行為すら美徳であったとされるようになる。旧来の因習にこだわる人々はとくに革命の恐怖に駆られ、不安になる。ここのところ生じてきたこうした不安は、ティルジット条約が結ばれる半年前にすでに予想されていた。しかし当時は誰も聞く耳をもたなかった。そして人々は事態をますます悪化させるような措置をとってきた。

◉──ドイツ国民蜂起の予想

一八〇九年五月二十一日　ケーニヒスベルク

ドイツの民族運動は次第に消滅し、弱々しい試練を経て、再び古いくびきにつながれてしまったように思われる。しかし私はこうした一時的現象を信じたくはない。発憤する要素が深く堆積し、巨大な量となっている以上、従来とはまったく違った現象が発生すると私は確信している。

巨大な広がりをもつ革命がヨーロッパを襲わないはずはない。勝者は誰であろうとそのまま生き残るであろう。その場合もしオーストリアとドイツが勝者となるならば、革命はフランス革命ほど血みどろのものとはならず、その期間もずっと短いであろう。しかし逆の場合には、われわれの世代の者は真の危機が到来する以前に没落するであろう。こうした大がかりな革命には、一般的なドイツ国民の蜂起が先行するだろう。ところでこうした大変革の真の精神を洞察した王侯は、自らも蜂起に参加し、結果的にその身をまっとうすることができるだろう。

（同前）

◉——赤面もせず歯をむき出して笑う人間ばかり

夕方、楽しみのための読書としてスターン〔一七一三〜一七六八、イギリスの小説家〕の『トリストラム・シャンディー』をひもといたとき、あの勇者シルを想起させるすばらしい箇所にめぐりあった。トビーおじさんが気高い意向をもちながらも、厳しい呪いの言葉を吐《は》いたとき甥《おい》のトリストラムは言う「天国の政官庁に誓言をたずさえて飛んでいった告訴人の霊は誓言を述べる際に赤面した。——彼が陳述している間に書記係の天使は書かれた言葉の上に涙を流し、告訴の言葉を永遠に消去してしまったのだ」。しかし**この地上では、告訴しても赤面などしない人間ばかり、物を書くにしても涙にくれたりせず、歯をむき出して笑うだけだ。**

◉――シルの死

一八〇九年六月九日　ケーニヒスベルク

シルの最期［一八〇九年五月三十一日］は私にきわめて悲壮な気持ちを抱かせた。確かに私が彼の立場にいたら当初から別の作戦を立てていたであろう。それでもなおかつ私は、彼は首尾一貫して賢明にわが道を歩んだと思い、その点で私はベルリンの人士とはまったく違った意見をもっている……。もし彼が欠点をもっているとしたら、それはとくに敵と戦う方式にあったように思われる。それでも彼の運命は羨《うらや》むべきである。なぜなら、彼は名誉ある生涯を送ったからだ。彼の死は、私にとって、自分に最も親しい兄弟の死のように身近に感じられる。

いかに未来が暗雲に閉ざされていようと、私にはいくらか勇気と生命力が残っており、これらは、計算に明け暮れる私の理性とは矛盾し始めたものの、私にとっては、きわめて歓迎すべき友である。ウティカで自殺したカトーのような者は落胆した鬱病患者であろう。**生命力が最高に高揚したときに死ぬのが最もすばらしい生き方だ。**

シル（一七七六～一八〇九）はプロイセンの将校。オーストリアにおける反ナポレオンの動きに触発され、麾下の軽騎兵連隊と共にベルリンを出発、フランス軍部隊と戦いつつ進撃、シュトラールズントに至ったが、同地の市街戦で戦死。クラウゼヴィッツは彼を礼讃する。

◉——反仏感情と対仏迎合者

人はおのれの存在を誇り高く意識することができるだろうか？　長年にわたり奴隷の生涯を送った者にとっては、不幸な敗戦に終わる戦争でも、それに加わることを誇り高く思うであろう。われわれは、フランス軍に対して砲戦を交えて自己主張することはいわずもがな、彼らに対する反感を表明することすら許されていない。

一八〇九年六月十九日　ケーニヒスベルク

◉——小心翼々たるドイツ人に憤激

たとえわずかな根拠しかなくとも、私は対仏戦争再発の可能性を信じている。このようなもろもろの状況が、対仏戦への期待と可能性をけっして放棄しないようわれわれに要求している。それにもかかわらず、**ドイツ人が絶望のあまり小心翼々として壮大な可能性を無視するのを見ていると私は憤激せざるを得ない。**

一八〇九年七月三十一日　ケーニヒスベルク

一八〇九年八月十七日　ケーニヒスベルク

◉――ドイツ人知性の抽象性

卓越した人々にも、ドイツ人特有の国民精神、国民感情の弱さが鮮明にあらわれているのを見て、私は悲痛な気持ちになる。私がフランスから帰国したときに目撃した人々の表情の弱々しさはまさしく実情を反映していたのだ。私はドイツ国民のこうした弱々しい態度や考え方に接するたびに筆舌に尽くしがたい反感をおぼえる。

そもそも卓越した悟性と実践的な巧智を具備した人物などきわめてまれにしかいないというのはわれわれの不運である。わが国で通常実践的活動をしている者は、いずれも平凡な知性、月並みの心情しかもっていない。他方すぐれた頭脳の持ち主は、つねに抽象的思考にのみ取り組み、現実の世界とは遊離しており――さらに最悪なのは何らの熱情をもたないことだ。ああ彼らはひたすらはるかなる原則を追うのみで、およそ憎むとか愛するということを忘れているのだ。

一八〇九年九月四日　ケーニヒスベルク近郊ロートマンスヘーフェン

◉——演習の効用

この地での軍事演習は大いに役立つだろう。なぜなら戦争中には必ず出現し、どの部隊もどうしても克服せねばならないもろもろの困難を演習中に体験させられるからである。

私にとっても小軍団を指揮することは大変有益である。そもそも部隊を普段の練兵場より広大な地域で展開させることができれば、ひたすら理屈にのみとらわれた用兵の困難さを克服できるからである。

一八〇九年十月九日　ケーニヒスベルク

◉――オーストリアの敗退と今後のプロイセン

ナポレオンと戦ったオーストリアは同年七月、ヴァグラムで敗れ、和平交渉に入った。そしてこの日、十月九日より五日遅れの十月十四日、シェーンブルン宮殿で、フランス―オーストリア間に和平条約が締結された。オーストリアはまたも広大な領地を失い、償金八五〇〇万フランを課せられた。

今度の和平によってオーストリアの受けた傷は重い、和平条件は深刻かつ絶望的であるばかりでなく、まさに悪意に満ち、屈辱的であろう！　年月がたてばわれわれの利益になる状況が起きるかについても、はっきり予想しがたい。

こうなった以上私もいよいよ荷物をまとめプロイセンを出奔するときが来たようだ。

一八〇九年十月一八日　同前

◉――寸土といえども領地を敵に渡してはならない

ただ一点だけ、ここで明言しておきたい。それはプロイセンが今でなくとも、しばらくたってから、わずか残された領土財産を再びフランスに奪われてもよいのかということだ。**いかなる状況になっても領土財産を奪われそうになったときには武力をもって立ち向かい、寸土といえどもわが国の領地を敵に引き渡してはならないというのが賢明な教えであると私は確信している。**

プロイセン国民への警告の書『告白』

クラウゼヴィッツのマリーへの手紙は一八〇九年十月から一八一二年四月まで途絶えている。それというのも、この年、クラウゼヴィッツはケーニヒスベルクからマリーのいるベルリンに戻り、翌年一八一〇年八月末、マリーと婚約、十二月十七日に結婚の運びとなり、彼女に手紙を出す必要はなくなったわけだ。

しかしその間に、フランス―ロシアの対立などプロイセンの国の内外では大きな事件が続出している。クラウゼヴィッツ個人についても、少佐に昇進し、ベルリンの陸軍の学校で作戦について講義するようになった。しかし何よりも重要なのは一八一二年三月、彼がプロイセンの軍人を辞め、同年五月、ロシア軍の将校になったことだ。その寸前にクラウゼヴィッツが執筆したのがこの『告白』である。一八一二年二月、上官でもあり盟友でもあるシャルンホルストとグナイゼナウに依頼されて執筆したこの覚え書きは、ルソーやトルストイのようなおのれの個人生活についての告白ではない。これはプロイセンがいよいよフランスに与《くみ》してロシアに侵入するという危機に直面して、彼がプロイセン国民に与えた警告の書である［ただし生前は未刊行］。ともあれ本文は三部に分かれており、一部はきわめて情熱的筆致で描かれている。反面二部三部は比較的客観的に表現されている。

『告白』第一部

◉——尊厳と自由は最後の血の一滴を流しても護持せねばならない

私は偶然のおかげで救われるなどという軽率な期待をもたない。

私は、愚劣な感覚の持ち主がわけも分からず取り組むばかげた未来予測などをしない。

自発的に武装をやめ、こびへつらうことによって暴君ナポレオンの怒りを鎮め、その信頼を勝ち取ろうとするような子どもじみた期待とは私は無縁である。

私は抑圧された国民に付和雷同して誤った断念をするつもりはない。

私は神がわれわれに与えてくださった諸力をわけも分からず無視する態度をとらない。

私は国民の幸福のためのすべての義務を忘却するという罪深い態度をとらない。

私は国家と国民のすべての名誉、個人や人間のあらゆる尊敬をないがしろにするような恥ずべき行動には出ない。

私は次の事項を信じかつ告白する。

まず国民は、おのれの尊厳と自由以上に尊ぶべきものをもたない。

国民は、それを最後の血の一滴を流しても護持せねばならない。

国民は、それより神聖な義務を果たすこともなければ、それ以上の法に従う必要もない。

卑屈な隷属によって生じた汚点はけっして拭い去ることができない。

国民の血の中の有毒な一滴は、子孫たちにも引き継がれ、後の世代の力を弱体化させる。

人はただ一回のみ名誉を失うことが許される。

国王と政府の名誉は国民の名誉と一体であり、国民の福祉の聖所（サンクチュアリ）である。

国民は、おのれの自由護持のための勇気ある戦いにおいてけっして負けてはならない。

自由はたとえ血みどろの名誉ある戦いの後一瞬失われたとしても、いずれは国民の再生をうながし、生命の核となり、新しい樹木の確固たる根を生ずる源泉となる。

◉——フリードリヒ大王

すべてのプロイセン人が称揚するフリードリヒ大王〔一七一二〜一七八六、プロイセンを強力な近代国家につくりかえた〕の名は、当然のことながら、すべての外国人に、わが国にも依然として尊敬に値するもろもろの心情があることを期待させるだろう。**義務、美徳、それに名誉を重んずるこうした心情は、時代の変化によっても衰退することなく、むしろ強力なバネとしてわれわれを強化し、われわれに気高い現状打破の気持ちを抱かせるであろう。**

◉──弱腰のプロイセン官憲

実在しない反仏組織があるという嘘をばらまき、こうした幽霊をかざしてプロイセンの宮廷やベルリン市民を脅かそうとしている者がいる。これなど巫術師《ふじゅつし》がつくりだす煙幕の中に姿を現す亡霊と同じことだ。

しかし弱気の一般大衆を怖がらせるためには、こうした魔術を用いるだけで十分だ。

信仰にも近い政治組織においては、個人的憎悪、嫉妬心、それに相手を迫害しようとする欲求が容易に生じてくる。劣悪な政治組織に公然と帰依し、その有害、悪質な政策を毎日宣伝する者は、政治的に対立しているから気にくわぬというだけの理由で、対立者の個人的業績や心情や性格までないがしろにするようになる。

◉──わが『告白』の歴史的意義

私は、古代、近代の参考になるもろもろの出来事、何世紀にもわたって受け継がれてきた賢い教訓、すぐれた諸民族の高貴な実例を、現代の不安にかられて忘却したあげく、世界史の真実を曲げて嘘だらけの話を赤新聞に提供することなどけっしてしないと宣言する。

◉後世の再評価に期待する

　私は歴史の神聖な神殿の中に、この『告白』の第一部を捧げる。たとえ狂乱の嵐が私の『告白』を吹き飛ばそうとしても、いつかはこの神殿につかえる尊い僧侶が、これを注意深く取り出し、諸民族史の書庫の中に保管してくれるであろうと確信する。その暁には、**後世の識者は私の文書を読み、大勢の悪漢の中から、純粋な義務感情を抱きつつ腐敗した時代の流れに抗して勇敢に戦った者たちを選び出して再評価してくれるだろう。**

『告白』第二部

「告白」第二部は時事的な記述が多いが、ナポレオンをめぐる奇抜な見解も見られる。これが一八一二年のナポレオンのロシア遠征直前に書かれたことが注目される。

◉——大陸封鎖

ナポレオンはヨーロッパの商業を封鎖し、大陸全体が不幸な有様になっている。この第一の災害と共に、住民の福祉にとって第二の敵が現れた。国内の秩序維持も、すべての業種の活性化も望めない不確実性がそれだ。

◉――プロイセン王室を憎悪

ナポレオンがプロイセン王室を憎悪する理由は、判然と証明されてはいないし、その原因も不明である。だが、これについては、ティルジット和平条約の際、ナポレオンがフリードリヒ・ヴィルヘルム三世やその家族に示した個人的な態度の中に、軽蔑を込めた冷酷さばかりか、抑制されてはいるが憎悪の感情がみなぎっていたことを知るだけで十分であろう。

これに対し、プロイセン王室は冷静で凛《りん》とした態度をとったが、それがかえって虚栄心が強くて感情的なナポレオンを逆上させてしまったのだ。これについてははっきりした個別的なもろもろの実例もある。**ナポレオンの憎悪の原因は、プロイセン政府が育成し、全ドイツの共感をかち得た自由精神である。**

◉——ナポレオンはあと三〇年は生きるぞ

何としても人々はフランスの暴君からの解放を願い、解放されればとてつもない利益が得られると思っている。ところが、解放は必然的に起こるのか。それについてはいろいろと考えられる。

人々は偶然がこの偉大な目的を遂行してくれると期待している。さらにナポレオンの急死を望む者もいる。しかしナポレオンは体力からいってもどうやらあと三〇年くらい生きることができよう。〔彼は一七六九年に生まれ一八二一年セントヘレナで死んだ。一八一二年から勘定すれば没落までわずか三年。その死まででも九年待てばよかったわけで、クラウゼヴィッツの見方はいささか悲観的だったことになろう〕

これから三〇年平然とナポレオンの軛《くびき》につながれている者が、どうしてナポレオンの後継者を相手取りナポレオンから受け継いだ権利を返せと争うことができよう。ナポレオンの後継者として王座に登る者が弱い王侯であることは確かなのか。その者がたとえ本当に弱い王侯であっても油断はならない、偉大なる皇帝の死後弱い皇帝が続出しても四〇〇年続いたローマ帝国の実例もある。

◉――勇気をもて

悟性のみが決定を下すと、いたるところで叫ばれている。あたかも不安が心情のあらわれではなく、不安になるのも実は悟性の自由な判断が加わっているのだと考えられているらしい。プロテスタントであれカトリックであれ、対仏反抗をするか、それとも対仏隷属に甘んずるのか、態度の選択が実際に心情から生じてくるのはたしかだ。だが心情の動きには二通りある。一つは勇気であり、もう一つは恐怖心である。**恐怖心は悟性を弱体化し、勇気は悟性を活性化する。**

たしかなのは、われわれの現状がどのようなものであれ、フランス支配から独立を達成する決心を固める必要性である。**もろもろの事態が交錯する現代はわれわれにこの決意を下すことを強要する。この圧力を回避せんとする愚劣な弱さは必ずやわれわれを没落させるだろう。**

『告白』第三部

告白の第三部の冒頭には、対仏抗争に必要なプロイセン軍再建の構想が、将校、武器、砲、軍馬などの各項目にわたって描かれている。周知のようにプロイセンはフランスの対露戦にあたり、対仏協力を余儀なくされ、ナポレオンのロシア遠征に加わり、大損害を受けた。しかし後にナポレオンが敗退すると、プロイセンは逆にロシアに荷担し、解放戦争とも呼ばれる一八一四年の諸国民戦争では、ほかの同盟軍と協力してフランス軍を打ち破った。たしかに、プロイセン軍は、一時はフランス軍に利用されたものの後にはこれに抗して戦い、勝利を収めたのだ。クラウゼヴィッツの考えたプロイセン軍増強計画も、けっして絵に書いた餅ではなかった。クラウゼヴィッツは人口四五〇〇万のプロイセンに一〇万の軍隊を求めている（ナポレオンは四万しか許容しなかった）。人口一億二〇〇〇万の日本の自衛隊の常備兵が、二〇数万にすぎないことを考えると、まさにプロイセンは軍事国家であった。また兵員数もさることながら、その装備もきめ細かく計算されていることから、彼の記述は日本の防衛関係者にとっても参考となるだろう。

将校

往時プロイセン軍には合計二万一〇〇〇人の将校がいたが、今はなんとその五分の一しかいない。今後必要なのはまず勤務の実態に精通し、秩序正しい訓練を受けた将校を養成することだ。……これら将校は適正のある一般市民の中から採用されるであろう。

小銃

プロイセンには今一二万挺の小銃がある。その一部は各部隊に、また一部は軍の倉庫におさめられている。これらの小銃は通常兵力一〇万の各兵士に与えられることになろう。それにもしプロイセンにおいて反仏の気運が盛んであることが分かれば、イギリス政府はプロイセンの要求に応じて小銃を供給してくれるだろう。

●―大砲

プロイセンには人口八万に一門の野砲があるが、プロイセンの要塞はすべて大砲が配置されるべきだ。イギリスは、プロイセンが対仏抗争に乗り出せば、八〇門の野砲を提供してくれるという。

●―軍馬

十九世紀初頭の軍の機動力を担っていたのは騎兵である。現代戦では戦車がこれにかわった。軍の機動性を重視するクラウゼヴィッツは軍馬についてもかなり関心を寄せている。

もし四万頭の馬がいれば一〇万のプロイセン軍にとって十分な数だ。

これら馬のすべてが騎兵には使えるわけではないとするのは誤りだ。すでにプロイセンには一万の騎兵がおり、軍全体としてはこれで十分だと思う。それというのも、どの戦争でも、とくに防衛戦の場合、軍の主力は騎兵でなく歩兵だからだ。それに非常の場合には、ひどい老馬でない健康な馬なら十分に騎兵の役に立つ。

●──食糧

食糧不足では戦争ができないと言われているが、フランス軍は食糧不足でも平然と戦ってきた。陸軍は戦時には平坦な陸地で戦う以上、食料に困ることはあるまい。たとえ戦争中に食糧不足の状況になってもすべての時代の実例が教えているように、外国から輸入することが可能である。

◉——金がすべてではない

かつて金は戦争の神経だと言われた。しかし今はそうではない。フランス人は（革命以来）勇敢に諸国に抵抗してきた。フランスはいったんはあらゆる方向から攻撃されたが、すぐに巻き返して他国を征服した。フランス人はその際古い弱体化した国の体制を打ち倒した。彼らは何らの財貨もなくこれを成し遂げた。

フランスは財宝をもたず、二度も国家の破産宣告がなされたのに。

自国を戦場とし、己の最高の関心事国家のために戦っている軍隊を、金のために己の肉体を提供している傭兵《ようへい》部隊と同一視してはならない。あらゆる贅沢《ぜいたく》や豊かさをすっかり断念することこそ真の軍人精神であらねばならない。長年勤務した上位の軍人に報いるため、あるいは才能のある者を軍の中に留めておくためにはけっして彼らに高給を払う必要はない。祖国のため戦えることこそ功績に対する最高の報酬であり、才能のある者にとってもっとも魅力ある事柄である。

むなしい金の力だけが軍人と国民の神経であった時代は去った。現代史は強力な戦いを、わずかな金で遂行できること、ただし、その際多くの勇気と善良な意志が必要であることを教えている。

◉革命が英雄を生む

フランスは七年戦争当時優れた将軍がいなかったので、もはや、コンディ、テュランヌ、それにリュクサンブールといったかつての名将は再来しないだろうと思われた。ところが、**フランス革命が起こると、他のどこの国にも滅多に見られないような名将がフランスに続出した。**

他方わが国プロイセンの現状はどうか。功績が多すぎるために嫉妬と中傷の対象とならなかったような軍人はいない。万人の信頼と尊敬を得るほど影響力を備え、しかも国家に尽くすことのできる者など一人もいない。

◉戦争は物量と士気の二人三脚

フランス軍の士気はたいしたものであった。だが、士気と共に重要な物量に基づいて勝利を目指す行き方を無視してはならない。物量を無視するのはまったく非理性的である。**戦争は士気と物量の二人三脚で行われるものだ。一方を重視するあまり他方を忘却した者が、どうして戦争全体について正しい見方をすることができよう。**

◉――ゲリラ戦について

常備軍には編入されないが、それでも兵士として活動できる十八歳から六十歳までの成年男子を武装させた軍隊（ゲリラ部隊）を養成すべきだ。彼らの武装にはたかだか猟銃、それがなければ槍《やり》か大鎌《おおがま》、二、三日分の食料が入る背嚢《はいのう》、弾薬少々、それに麦藁帽《むぎわらぼう》風の軍帽があればよい。麦藁帽は敵の軍刀の打撃に耐えうるからだ。

ゲリラ部隊の長所は、戦場とは無縁の地域からも短時間に二〇〇〇人、三〇〇〇人、あるいは五〇〇〇人の兵士を召集できることである。これは何も空想の所産ではない。フランス革命の折り、ヴァンデでは実際にこのようなことが行われたし、歴史的にもゲリラ兵召集の事実があったことが証明されている。もし敵軍がこのような事態を妨げようとするならば、未占領の遠隔地にも兵を進め、ゲリラに対抗する特別な部隊を出動させねばなるまい。

ゲリラ戦によって悩まされる敵軍は、ゲリラ部隊を一掃しようと努力するだろう。このため、ふつう敵軍は、長時間をかけ大きな犠牲を払って対処しなければならない。こうして、泥沼に敵軍が入り込めばわが国の防衛の本来の目的にもなることであり、ゲリラ戦がいかに有効であるかが判明する。

クラウゼヴィッツはこのようにフランス革命時のヴァンデの農民兵のゲリラ活動、あるいはスペインの反ナポレオン抗争などに基づいて、正規軍ではないゲリラ部隊の有効性を述べたわけである。だが、ゲリラ戦の真の意義は、ナポレオンのロシア遠征における、ロシア軍の活動によっていっそうはっきりと示された。

第三章　ロシア軍人となってナポレオンと戦う

一八一二年六月二十四日、ナポレオンは大軍を率いてロシアに侵入した（ヒトラーも一九四一年六月にロシアに兵を進めたが、この時期は西側から見ると対露戦に都合よく見えるのかもしれない）。ナポレオンは侵入当時大勝したが、しだいに苦戦を強いられた。ナポレオンはいったんはモスクワを占領したもののモスクワが火事になると退却を始めた。クトゥーゾフ麾下のロシア軍とくにコサック騎兵やパルチザンに襲撃されたナポレオン遠征軍は大損害を受け、ナポレオンはわずかの兵力を率いてフランスへ逃げ帰った。

ところで、プロイセン軍を辞めたクラウゼヴィッツは五月ロシア軍の幕僚《ばくりょう》将校に任命された。フランス―ロシア開戦の六月から七月にかけて、まずは中佐としてロシア皇帝の作戦顧問となり、さらに前線に出て、モシャイスク、ヴィテブスク、スモレンスク、それにボロジノの戦いに加わった。

九月十四日、ウワノフ騎兵部隊と共に彼はモスクワ入りしその惨状に驚いた。その後、ロシアの伯爵ヴィトゲンシュタイン将軍を司令官とする西部方面軍の一員となった。

ところでクラウゼヴィッツはロシア軍に加わった後、多忙をきわめ、また暑さや埃《ほこり》、それに飢えに悩まされる日々が続いた。戸外で野営することも多かった。しかも彼は持病の痛風に悩まされた。しかし彼は必ずナポレオンが敗退するだろうと信じた。彼の意見によれば、フランス軍はロシアの大平原で破滅する。そこで、大戦闘を交えないで、できるだけ彼らを奥地に誘い込むべきだ。そうなった暁には、ロシア軍が大反撃を行い、確実に勝利をおさめることができるだろうというのだ。この戦略こそ、まさにロシア軍最高司令官クトゥーゾフが実際に採用したものと同じであった。

十月はじめクラウゼヴィッツはヴィトゲンシュタインの軍団に加わる途中、サンクト・ペテルブルクを通過した。その際彼は、フランス軍に抵抗すべく参集したドイツ人の移住者たちがつくった「ドイツ人軍団」の面々と巡り会った。四〇〇〇人のこの軍団はロシア軍を援助し、対仏勝利を勝ち取ろうとする意気込みに燃えていたので、クラウゼヴィッツも機会があればこの軍団に加わろうと思った。

ヴィトゲンシュタイン軍団に入った彼は、対仏協力のためにロシアに侵入したプロイセン軍とロシア軍との休戦交渉に一役買った。すなわちヴィトゲンシュタイン軍団は前線で対仏協力をしていたヨルク将軍麾下のプロイセン軍と相対していた。ヨルクは元々プロイセン王に忠実なユンカー出身の保守的人物であったが、軍使クラウゼヴィッツと会ううちにプロイセンがフランスから解放される好機が到来したことを悟り、対露休戦の勧めに応じることにした。この時点でヨルクはプロイセン国王の対仏協力の姿勢に真っ向から対立したことになる。一八一二年十二月三十日、タウロッゲン近くの水車小屋で、休戦条約が署名された。

これに先立つ十一月にナポレオン軍は大敗北を喫していた。当初四五万、九月モスクワを撤収したときも一〇万あった兵力は寒さとロシア軍の攻撃により消耗し、十一月二十八日ベレジナ川に達したときにはわずか一万二〇〇〇の敗残部隊と化していた。ベレジナ川は一〇〇メートルほどの幅しかないので凍結していればそれを渡るのは困難ではなかったけれども、結氷がとけて冷たい流れとなり渡河は難しかった。それを敢行しようとしたフランス人に対してロシア軍は激しく攻撃したため、渡河に成功し、戦闘能力を失わなかった者はわずか九〇〇〇人にすぎなかった。ナポレオンは部下を見捨てて、指揮権をミュラ元帥にゆずりパリに逃げ帰った。クラウゼヴィッツはこうしてフランス大陸軍の崩壊を体験したことになる。

彼は、マリーへの手紙の中でロシア軍の一員となった自分の戦争体験を伝えている。

ナポレオンのロシア遠征

マリーへの手紙

一八一二年五月二十八日　ヴィルナ

◉——冬の戦闘はあるまい

仏露の戦争は十四日以内に始まるだろうと思う。第一に今度の戦争は長期戦とはなり得ないからである。ロシアの気候では冬期の戦闘は不可能だ。私は十一月一日以後仏軍が作戦を展開することはないと思う。［このくだりはクラウゼヴィッツの先見の明を示している。そしていよいよ六月仏露の開戦となる］

一八一二年九月十八日〜三十日　モスクワとカルガの間

◉──モスクワ陥落後の情勢

フランス軍は九月七日ボロジノの戦いでロシア軍を破り、九月十四日モスクワに入城した。ナポレオンはこの首都を占領してしまえば、アレクサンドル一世が和平交渉に入るだろうと信じていたが、そうはならなかった。

われわれは戦いには敗けたが、整然と退却した。わが軍の兵力が日増しに増強されている反面、敵の兵力は次第に減少している。開戦当時、敵の兵力はかなりあったが、今ではわが軍の兵力のほうが勝っている。ともあれわが軍が退却してもカルガに陣取ることによって敵軍のモスクワ維持は難しくなった。今後は敵は占領地の一部を次第に放棄しなくてはなるまい。私はフランスがロシアを征服するのは不可能だと思う。したがって和平を早急に結んだりしてはならない。

一八一二年十月二十三日～十一月一日　ペテルブルク

ナポレオンは九月十日火事で燃え上がるモスクワに入った。この戦災都市にしばらくとどまっていたが、十月十九日、ここを撤退した。クラウゼヴィッツがモスクワを通過したのはナポレオンがモスクワ入りする直前である。クラウゼヴィッツはのちの時点、すなわちナポレオンのモスクワ退却の数日後、次の手紙をマリーに送っている。これはいわば回想記である。

◉――モスクワの火災

退却の途中、後衛軍の一員である私はモスクワを通過した。われわれははじめ郊外にまで進み、夜中にこの都市のいたるところで火災が発生している様子を見た。われわれが市内を通過したとき、街路は重傷者であふれていた。モスクワ市民のうち二万六〇〇〇人以上が被災したと考えるとまことに恐ろしい。

◉──ナポレオンは負ける

一八一二年十月十日～十一日　ペテルブルク

今後の戦況の予想は？　一五〇マイル［二四〇キロ］にわたって、荒廃しきった土地を通り、今や敗残兵と化した自軍をひきいて退却する以上、ナポレオンはこの侵略戦争を中止せねばなるまい。今後の成り行きがどうなるにせよ、もし人類を救出することができないならば、それは運命のせいではなく人間のなせる業である。われわれの静かな幸福を、なんぴとにも妨げられず享受するために、われわれはもう一度、救出されたヨーロッパに立派な避難所を作り上げられるであろうか？　今日のこの瞬間ほど、われわれの運命が世界の出来事と絡み合っているときはないだろう。私はドイツ以外の土地で戦死したくはない……。もしすべての期待が再び消滅し、ヨーロッパが完全に没落することがあれば、私はドイツ軍団［ロシアにいるドイツ人部隊］と共にイギリスに救いを求めよう。

ナポレオンの敗因

クラウゼヴィッツはいくつかの論文の中で一八一二年のナポレオンのロシア遠征について論評している。ここでは彼が一八一八年から一八三〇年、ベルリンの一般士官学校（後の陸軍大学校）の校長をしているときに書いた「ナポレオンのロシア遠征」（拙訳『クラウゼヴィッツのナポレオン従軍記』〈ＢＮＰ刊〉所載）という論文から一部の名言を伝える。

◉——ナポレオンの失敗

ナポレオンは対露戦でもっと別の手段を用いるべきだったという声もあろう。しかし、私はそうは思わない。ロシア軍を撃滅し、散乱させ、モスクワを占領することは対露戦において達成されるべき大目標であったろう。

しかしこの目標には本質的な条件が欠けていた。**ナポレオンはモスクワにもっと強力に御輿を据えて留まるべきであった。**

ナポレオンがいかにも高慢に、そして軽率にこのことをないがしろにしたのは、彼の個性のしからしむるところであろう。彼は九万の軍隊を率いてモスクワを占領したが、その後は、二〇万の軍勢でここを固めるべきであったろう。

◉――部下への配慮を欠く

彼が部下の将兵をもっといたわり、慎重に世話していれば、対露作戦はもっとうまくいっていたであろう。しかしそうした配慮など、彼にとってまったく異質の事柄であった。彼は多方面において危険を冒して攻勢に出なければ、おそらく兵力の損失を三万人は少なくすることができたであろう。

彼がもっと慎重に事を運び、軍の補給をいっそう秩序正しく行い、進撃にあたり、不必要に多数の兵を、一本の道路に無理に押し込み進ませるようなことがなかったならば、当初から、常に食料不足に悩むことなく、軍団をもっと完全な姿で維持できたであろう。

次の文章はナポレオンの対露戦のみならず、多くの侵略戦争において現代でもあてはまる状況を示唆している。

◉──占領軍の問題点

巨大な兵力をもって占領軍が駐留する場合、その土地において占領軍は軍備の増強を図るわけにはいかない。……占領下の農民は占領軍の需要をまかなうべく奔走し、家畜を供出させられる。また農家には大勢の兵士が宿営し、被占領国の貴族はおのれの貯蔵品を占領軍の扶養のために供出せねばならない……さらにいたるところで占領軍による様々な要求が打ち出される場合、現地の住民が自由意志によって金銭や金目のものを差し出し、彼らの自由な個人奉仕が、異常なまでの占領軍の軍備増強に尽くしてくれるなどとはまったく期待できない。

◉――ナポレオンの勇敢な決断

慎重さを兼ねた勇敢さが、ナポレオンに不足していたわけではない。だが彼の心の中で、その天才的な思慮が、たとえ、賢明ではないぞ慎重にゆけ、とさとしたとしても、彼は本来の性格からしてもっとも勇敢な行動をとることを選んだであろう。……彼の過去の業績のすべても彼はその勇敢な決断に負っている。彼の決断が成功しなかったときは、彼の最も輝かしい戦果ですら、非難されることになったであろう。

『戦争論』の中のナポレオン戦略

『戦争論』は概して抽象的表現が多い論理的著述だが、第八巻「作戦」では、古今の戦争についての具体的記述が多く見受けられる。もともと『戦争論』の中の名言は第二部理論編で取り上げるつもりだが、ここでは例外的にその描写がきわめて実践に即しているナポレオン戦略の批判の一部を紹介しよう。

◉——ナポレオンの失敗

仏露開戦後、ロシア軍がフランス軍に対抗してもっていた兵力は、フリードリヒ大王が七年戦争の際所有していた兵力と比べてもまったく分が悪かった。しかしロシアには、戦争が長引くにつれて、かなり兵力を増強できるという見込みがあった。ナポレオンは、ヨーロッパ全体を事実上自分の密かな敵にしてしまった。彼の権力は最高潮に達した。ひどい消耗戦を、彼はスペインで行っていた。広大なロシアでフランス軍は一〇〇マイルに及ぶ長丁場の退却をした。そこでロシア軍は仏軍の戦力の弱体化を十分に図ることができた。

このような大戦争には、単にフランス軍の強力な反撃作戦が考えられるばかりではなく、こうした反撃はロシアの崩壊を招き寄せたかもしれない。しかしフランス軍はこうした反撃作戦を展開できなかった。（それにロシア皇帝が休戦に応ぜず、皇帝の臣下たちが反乱を起こすこともなかったのに）どうしてフランス軍は反撃作戦を実行できたであろうか。したがって、最高の賢人たりとも、ロシア軍が意図せず採用したあの作戦より優れた作戦など示すことができまい。

しかしあの頃の人はそうは考えず、ロシア軍の作戦を是とするのは誇張だと考えた。しかし、こうした見解はロシア軍の作戦を正しかったとするわれわれの今の考え方を変える理由にはならない。

歴史を学ぶ際、われわれは、実際に生起したことは今後ともあり得ると考えねばなるまい。ナポレオンのモスクワ進撃以後に起こった出来事が、けっして偶然の積み重ねではなかったことを、しかるべき判断力をもつ者ははっきり認めることができよう。

もしロシア軍が、国境付近で必死の防衛に成功していたとしても、フランス軍の戦力はそれなりに弱まり、ロシア軍の勝利はおそらく実現したであろう。しかし、ロシア軍はあれ程、強力かつ決定的勝利を得られなかったであろう。犠牲と危険と引き替えに（もちろん他の国であったらもっとその度合いが大きかったろう。ほとんどの国では不可能であったろう）ロシアは、あの巨大な利益を買い取ったのだ。

このように**常に偉大なる積極的成果は、かならずや、積極的な決断によって得られるのであって、単に待機の姿勢をとったまま及び腰で採用した処置によって入手できるものではない。**一言で言えば、防衛戦にあっても、巨大な戦果はひたすら巨大な兵力の投入によってのみ得られるのだ。

（レクラム版『戦争論』）３４６〜３４７頁より）

◉――ナポレオンに別の道はあったか？

一八一二年の対露戦が失敗したのは、ロシア政府が堅牢であり、ロシアの民衆も愛国心が強く、しっかりしていたためである、だからナポレオンは成功しなかったのだと言われている。たしかに、対露戦に踏み切ったのはナポレオンの失策であった。少なくとも、結果から言えば、彼は計算を誤ったことが分かる。しかし、たとえ戦争の目標が何であったにせよ、彼には、あれしかやり方がなかったというのが重要だ。

すでにスペインで直面させられたような無限の消耗戦、防衛戦に取り組む代わりに、ナポレオンは東方では、ただ一つの目的しかもたなかった。すなわち勇敢に攻撃し、驚愕した敵国から和平を勝ち取ることであった。彼の軍隊がロシアで破滅したのは彼自らまねいた危険の所産であった。彼の作戦は賭であり、巨大な期待に基づいていた。そのうち彼の軍隊の損害は、彼の責任において、必要以上に大きくなった。しかし、**ナポレオンの責任は、ロシア奥地まで侵攻したことにあるのではない。なぜなら、この作戦は彼の戦争目的でもあり、不可避であったからだ。彼の責任はむしろ、彼が戦端を開く時期が遅すぎたこと、彼の作戦による兵員の大量損失、軍の補給ならびに、退路をもうける配慮に欠けていたこと、そして最後に、モスクワから撤退する時期が遅すぎたことである。**

（レクラム版『戦争論』３６６頁）

第四章　諸国民戦争

ナポレオンは一八一二年、ロシア遠征に失敗し大敗した。これを受けて諸国は一八一三年、またも対仏大同盟を結び、解放戦争を起こした。ロシア、プロイセン、オーストリアの連合軍はとくにライプツィヒの戦い（諸国民戦争）でナポレオンを打ち破った。プロイセンでもこの大戦闘に備えて大改革が行われていた。

軍関係では、グナイゼナウ将軍がイギリスから帰国し、シャルンホルストは再び陸相となり、共にプロイセン軍の先端に立った。二月には一般徴兵制度が実施され、シュタインの努力によりプロイセンとロシアとの軍事同盟が結ばれた。

ところが、その先駆けとなった対露休戦交渉に功績のあったクラウゼヴィッツは、帰国してもすんなりとプロイセン軍に復帰できなかった。プロイセン国王は依然として、彼が自分の意思でプロイセン軍を辞め、かつての敵国であるところのロシア軍に勤務するようになったことに不快感を抱いていた。クラウゼヴィッツは仕方なくロシア将校のまま、一八一三年はじめ、ブリュヒヤー元帥の幕僚の一員となった。彼は五月二日の、リュッツェンの戦いではフランス兵と肉弾戦を交えた。だがシャルンホルスト将軍がこの戦いで負傷し、ついには死亡するに至ったことがクラウゼヴィッツにとっては生涯の大打撃であった。なおクラウゼヴィッツはリュッツェンの戦いをグロースゲルシュンの戦いと呼んでいる。この戦いでは連合軍の死傷一万、フランス軍の死傷二万五〇〇〇であったが、戦場の勝者はナポレオンであった。

ついでナポレオン軍は五月二十一日、バウツェンに進出し、連合軍と戦いを交えた。ここではフランス軍は死傷者二万人を出し、連合軍の死傷一万二〇〇〇人を上回ったものの、戦場の勝者であることには変わりはなかった。それでも、休戦交渉が行われ八月まで休戦となった。しかし再びナポレオン軍と連合軍の間に戦端が、ザクセンの都ドレスデンで開かれた。さらに、十月十六日には、ライプツィヒで決戦が行われた。

これでナポレオンが敗退した一八一三年の諸国民戦争前半と、ロシア将校として間接的にこれに加わったクラウゼヴィッツの動きを伝えたわけだが、彼がこの戦闘についてどのように考えていたのかを妻マリーへの手紙の中の言葉、および彼の論文『休戦に至るまでの一八一三年の戦役』（一八一三～一四）の中に示された見解を中心にかかげていこう。

グロースゲルシュン（リュッツェン）の戦いから

マリーの手紙

一八一三年五月一日　ライプツィヒ近郊ロータ

◉―不幸の中でも確固不動の構えを見せる

数日前から予想していたが、いよいよ大会戦が近いことはこのところ連日ますますはっきりしてきた。たとえ戦いに負ける運命になったとしても、君は私の勇気を信頼していて欲しい。なぜならたとえ敗戦となっても、本質的にはわずかのものしか失われないからである。それに、戦いに必ず勝つとは、死すべき人間は保証できないのだ。**不幸の中にあっても、確固不動の構えを見せることは、あらゆる種類の情熱に駆られること以上にすばらしい魂の特性である。**

一八一三年五月三日（リュッツェンの戦いの翌日）

◉──リュッツェンは決定戦とならず

……けっして勇気を失ってはならない。今のところ、敵はしつこくわが軍を追撃してこない。今度の戦いはどうやら決定戦とはならなかったようだ。われわれが撤退したほうがいいかどうかは、まだ判然としていない。

一八一三年六月三十日　パイラウ

◉──シャルンホルストの死

シャルンホルスト死亡［六月二十八日　プラハにて］の報は、私を極度に悲しませた。彼は軍や国家のため、ヨーロッパのため不可欠の人物であった。しかし、私は今そんなことを考えている余裕はない。**なんぴとによってしても代替できない、生涯における最大の親友を私は失ったのだ。彼の死を埋め合わせてくれる者などけっして現れないであろう。私がいかに衝撃を受け、悲壮な気持になっているかは筆舌につくしがたい。彼は、この世を去るとき大変つらい思いをしたであろう。彼にとっては、果たすべきもろもろの計画が実現されないままになっていたからである。そのことも私を大変悲しませている。**

行き詰まるナポレオン

◉——歩兵の本領

敵の歩兵は、わが軍の歩兵と比べて士気において劣っている。なぜなら敵の歩兵はわが軍に襲われると、戦場を離脱し、多くの大隊が算を乱して後退したからである。

論文「休戦に至るまでの一八一三年の戦役」

◉──リュッツェンの戦いの総括

この戦いでは、多くの死傷者が出たほかはほとんど損害はなかった。敵軍はせいぜい数百人を捕虜にした程度だったのに反し、わが軍の火砲の損害はゼロに等しく、わが軍は敵陣の要所要所を占拠し、敵の火砲を捕獲し、六〇〇から八〇〇の敵兵を捕虜にした。

これらの戦果はすべて有力な敵軍に対抗して得られたのだ。そもそもこの戦いについては、勝敗が問題ではなく、名誉や面目の観点から評価しなくてはならない。この点では、わが同盟軍の栄光があきらかになった。

◉──情けないプロイセン以外のドイツ諸国

ドイツ諸国の中のわずか一国、それもやっと成長過程に入ったばかりの国プロイセンが、他の同盟軍に多少支援されつつ、巨大なフランス帝国の精鋭と戦ったのである。

他の、ドイツ諸侯は、抑圧者であるフランス軍と戦う意欲がなく、したがって、多くのドイツの土地は平静そのものであった。たしかに彼らもフランスからの独立解放の瞬間を心待ちにしていたであろうが、対仏参戦には踏み切る勇気がなかったのだ。

◉――バウツェンは好戦場

一八一三年五月十八日、わが軍は、バウツェン市からおよそ半マイル(八キロ)離れた場所に布陣した。

……わが軍は可及的すみやかに敵と決戦するという希望を抱き、士気のうえでも、敵に勝っていると感じている。リュッツェンの戦いの後、一戦も交えずに退却したりすれば兵の戦闘精神を弱め、彼らの指揮官に対する信頼を失わせることになるのだ。

◉――二十日の戦いの反省

同盟軍の側からいえば、敵軍側が本陣に向かって突進してくるのをできるだけ困難にするために、ひとたび占拠した地点をただひたすら守るだけであってもよかった。わが軍の抵抗は、各部隊の勇敢な行動と地形地物の有利さ、それに敵軍の損失から判断すれば、きわめて強大であったことを示しており、敵がさらなる攻撃を加えることを断念せざるを得まいと期待することができた。

◉──バウツェン戦の総括

今日の戦いで、敵は、わが火砲の一門も捕獲せず、捕虜もほとんど得られなかった。たしかに敵軍は同盟軍を陣地の一部から追い出すことができた。しかし敵の損失は大きかった。けっして誇張することなく言えることは、敵の死傷者は、わが軍のそれの二倍にのぼった。同盟軍の死傷者は、たかだか一万二〇〇〇人から一万五〇〇〇人であったのに対し、敵軍の戦傷者のみでも一万八〇〇〇人にのぼり、彼らをドレスデンに後送せねばならなかった。

この程度の戦勝をナポレオンが予期していたはずはない。**彼は、可及的すみやかに休戦をもたらすために、自軍は比較的少ない損害ですまし、他方わが同盟国軍を徹底的に撃滅することに慣れてきた。彼の征服者としての全体的性格がそれを要求してきたのだ。**

ところが、ナポレオンはロシアで前代未聞の敗戦を喫し、それによってかつてない程の苦境に陥った。そこで彼は、今や輝かしい勝利によって、このところめざめてきたヨーロッパの期待を粉砕し新たなる敵を撃滅する構えを見せていた。

だがこれは実現しなかった。ナポレオンは、今回は半分程度しか成果があがらなかったことで満足せねばならなかった。

そうしたことからしてもわれわれは現状を嘆く必要はまったくない。敵はたしかに今回のバウツェンの戦いにおいて、多少の戦果をあげたけれども、われわれは、これからもしっかりと腰を据え、勇気と信頼の気持をもてば、わが国の独立と解放という目標に到達することができると確信することが許されるであろう。

その後フランス軍と連合軍との間に休戦交渉が行われ、実施される段取りになった。その機会にクラウゼヴィッツは様々な反省の言葉を述べている。

◉——拙速は効果的であったか

一八一二年十二月以後の出来事の中の個々の契機に着目しよう、なかにはプロイセンとオーストリアはさっさと決断を下し、再軍備を促進し、今回の戦闘よりはるか以前に、多くの重要な軍事的措置を取ればよかったという見解も表明されている。それによれば、対仏抵抗の仕事が促進され、事物の状態が今とはまったく違っていたであろうというのだ。

だがこうした見解は、現実の出来事の取り組みに完全性を要求していることからしても、歴史と人間の理解に欠けていることを示している。

早期決戦をすればよいというこの種の見解を抱く者は、むしろ自分の家庭の家計、土地の処理、それに己の生活設計を一瞥するがよい。そうすれば早期決戦といった見解が、いかに軽率であるかが分かるであろう。人々はこの種の長広舌を聞いて、事物の動きに対する信頼を損なうことのないよう注意すべきであろう。

人々は国際政局の評価にあたっては、完全さに少しでも近づくことで満足せねばなるまい。そうすれば、以前に期待していたよりもはるかに多くの状況が生起したことを知り、満足した気持になるだろう。

◉――ナポレオン戦略も行き詰まる

ナポレオンの卓越した将軍としての才能も、もはやあまり過大評価する必要はあるまい。今や彼のこの面での才能も十分に分析しつくされている。リュッツェンとバウツェンの戦いに加わった者は、もし同盟軍がフランス軍と同程度の兵力をもっていれば、きっとこれらの戦いで勝ったであろうと実感したであろう。

すぐれた才能をもつ者も失敗し、たくみな指揮官も大きな過ちを犯すことがある。われわれは一八一二年のナポレオンの対露戦でそれを痛感したではないか。

◉——戦士よ休戦となっても心せよ

恐怖心は、つねに人の心に、奈落と地獄を見せつけるものだ。だが祖国とそのすべてを守るために戦い、人間存在に魅力と幸福を与えるものすべてを確保しようとする戦士たちは断じてこんな恐怖心を抱いてはならない。

兵士たちは、王侯や将軍がいかに仕事にとりくんでゆくかに関心を寄せている。王侯、将軍の果たすべき仕事は、自分たち兵士にもかかわってくるからだ。**各戦士が己の立場から知ることが許されるかぎり、過去および現在の世界の状況を熟知することが必要である。そうすれば将来が見えてくるし、己の信頼、期待、渇望の対象が果たして何であるかが判明するであろう。**

諸国民戦争の後半　ドレスデン、ライプツィヒの戦い

グナイゼナウ将軍への手紙

ナポレオンと同盟国側との休戦が始まった。その間、同盟国側はナポレオンに対し、ポーランド、ザクセン、ベルギー、オランダの放棄、イタリアの割譲などを要求するが、ナポレオンは応ずる気持ちがなく、そして休戦期限の八月十日が過ぎると再び戦いが始まった。

まずドレスデン（ザクセンの首都）では八月二十七日戦闘が行われた。この戦いでは、たしかにフランス軍は勝利をおさめ、ロシア、オーストリア、プロイセンの同盟軍は、さんざん撃破されたあげくドレスデンを撤退した。しかし深追いしたフランス軍のヴァンダム軍は大損害を受けた。

ついで一八一三年十月十六日、ライプツィヒの戦闘が始まる。今回はザクセン師団の寝返りなどがあってフランス軍は大敗、ナポレオンはからくもライプツィヒを脱出した。同盟軍はフランスに向けて進撃する。

このような諸国民戦争のさなかにクラウゼヴィッツはどのような活動をしていたのであろう

か。前述したように一八一三年、彼はスウェーデン貴族ヴァルモーデン麾下の各国混成軍団の一員となった。これには、露独合同軍団も入っている。この軍団の使命は、北部軍の右翼を防衛することであったため、ドレスデン、ライプツィヒのような主戦場の戦いには加われなかった。

クラウゼヴィッツはこの軍団のとくに参謀として活動した。一八一三年九月この軍団はリューホフ付近のゲールデでフランス軍部隊に勝った。その後、ロシア帝国軍の大佐に昇進した彼は、巧妙な作戦によって、強力なダヴォ元帥麾下のフランス軍を、北ドイツに釘付けにし、ライプツィヒの主戦場に向かわせなかった。

しかしクラウゼヴィッツは、自分が諸国民戦争の主戦場で戦えなかったことに不満であった。そこで主戦場における連合軍の勝報を聞くや、今後は強引にフランスに進撃すべきだということを上司のグナイゼナウ将軍に手紙を出して進言した。この将軍への手紙を紹介しよう。（文体は敬語）

一八一三年十一月一日　デーミッツ

◉――パリまで進撃せよ

大いに緊張しつつ、私は同盟軍がライン川を越えたときの作戦を予想しています。なぜなら、ナポレオンがライン川を越えて退却するのは確実だからです。たとえ、ライン川の向こう岸における作戦が他の状況下では困難であっても、また守備のほうが攻撃よりも容易であっても、私は、同盟軍がライン川を越えて進撃すべきであり、作戦を和平に至るまで、とくにパリに到達するまで続けねばならないと断言します。

ナポレオンの軍隊はほとんど壊滅しました。彼の八万から一〇万程度の軍隊は、立ち向かってくる二倍、三倍の軍隊に抵抗できましょうか。ナポレオンに新軍隊を編成させる時間を与えなければ、同盟軍は途中で妨げられることなくパリに到達できます。

もし同盟軍がライン河畔で停止したりすると、ナポレオンは冬の間に軍備を整え、来年はじめには再びライン河畔に、二〇万から三〇万の兵力を配置できます。その際、たとえ同盟軍がその二倍の兵力を配置できたとしても、それまでの間に同盟国の間でいつもながらの内紛、分裂が起こる恐れがあります。この憂慮が、前線における状況よりも一〇倍も昼夜私を苦しめています。

一八一三年十二月十四日　レンツブルグ付近にて

◉——鋼鉄の楔の先端になれ

ここでは閣下の軍隊が、ライン河を強行渡河されたことが話題になっています。それが事実であるとすると、どうか私の心からなるお祝いの言葉をお受け下さい。**閣下の軍団は、それによっていかなる巨人をも突き刺すことのできる、重厚な鋼鉄製の楔《くさび》の先端のようなものです。**

対仏陣中記

クラウゼヴィッツにとってこの年（一八一四）の最大の事件は、四月十一日、ロシアの軍籍を離れ、再びプロイセン軍の歩兵大佐に就任したことである。それまで彼は、露独合同軍団の一員として、ブリュッセル付近に駐屯し、フランス軍との戦闘には入らなかった。

一方、ライプツィヒの戦いに大勝した連合軍の主力は三月三十一日パリに入城した。その前日、ナポレオンはフォンテンブローに到着した。フランス軍の反撃はすでに遅きに失していた。ナポレオンはそれでも強気にパリ進撃を主張したが、将軍たちの反対にあい、ついに退位を決意し、四月四日、「同盟軍は、ナポレオン皇帝こそヨーロッパの平和の障害だと宣言した。しかるが故に、余はここに帝位を退く」との退位宣言を出した。その後、ナポレオンはエルバ島に流された。

その翌月、露独合同軍団が、プロイセン軍に編入された。クラウゼヴィッツもいよいよ故国のプロイセン軍に復帰したわけだ。彼はナポレオン退位後の余暇を利用して夏に愛妻と共にドイツ西部のアーヘンに赴き、戦争中悪化した痛風の治療につとめた。

それ以前のクラウゼヴィッツの妻への手紙とグナイゼナウへの手紙のうち、対仏戦争についての感想をいくつかかかげておこう。

とくに同盟軍の中にはブリュヒャーやグナイゼナウのような主戦論者がいた反面、依然としてナポレオンを恐れ、弱気になっていた将軍たちのいたことが強調されている。

マリーへの手紙　一八一四年三月二十二日　マセイク

◉成果は偶然の所産ではない

世界の中の事物は、人が想像するのとまったく違う仕方で出現する。善きことが今日までつづいてきたが、さらにいっそう明るい期待をもっても当然である。なぜなら、**これまでの成果はけっして単なる偶然の所産ではないからだ。物事の諸関係の本質をなす一般的な原則がこのような大成果を生むのだ。**この一般的原則の作用がただの一回で無になってしまうと信ずる理由などまったくない。

マリーへの手紙　一八一四年四月十一日（ナポレオン退位後）　トゥルネ

◉――ナポレオンに最終的打撃を与えるべきであった

全世界が今回の戦争の結果に驚いた。ナポレオンは強靭であり……しかも恥知らずであった。しかし一般的に言って、彼個人に最終的打撃を与えなかったのは、まったく正しくなかった。毎年六〇〇万フランにものぼる報酬を彼に与えたフランス人は、フランス国内で彼に強力な党派を形成させるだけの手段を与えていたことになる。すべての元帥、将軍、そして軍隊の大多数が彼を支持していた。新しいフランス王（ルイ十八世）が国民の支持を得ることなどはあるまい。

グナイゼナウへの手紙　四月二十二日　ブリュッセル近郊アロスト

◉——ヴルカンの打撃

将来のこと、それにこれまで得られた成果について考えますとき、私は、つねに次のことに思いあたります。すなわち**われわれはたしかにナポレオンを征服することが可能でしたし、現に征服しましたが、われわれ自身の小心翼々たる態度はけっして克服されなかったということです。鋼鉄はヴルカン**［ギリシア神話に出てくる鍛冶の神］**のハンマーの打撃の下でのみきたえられます。強靭な海綿はつねその形を保つことができます。私は今後、人々が進歩するかわりに旧来の陋習《ろうしゅう》の中に復帰することを恐れます。**——たとえこの種の事物をごらんになって不愉快に思われることがあろうとも、閣下は偉大で快適な感情を保持され、偉大、深刻かつ内容豊かな生涯をおくって下さい。

一八一五年二月エルバ島を脱出したナポレオンはフランスで大歓迎を受けた。三月皇帝となり、兵力を集め、六月いよいよ、ベルギーのワーテルローでイギリス、プロイセン同盟軍と決戦する。

クラウゼヴィッツは、プロイセンのブリュヒャー軍の第三軍団長となったが、世界戦史上最大のこの決戦の主戦場で直接戦うことができなかったことで悩んでいた。

グナイゼナウとブリュヒャーは、ウェリントン将軍麾下のイギリス軍と協力し、ワーテルローの戦いに勝ち、フランス軍を潰走させた。その間、クラウゼヴィッツは、軍の主力部隊の進撃路を確保するという役割に甘んじなければならなかったのだ。

この決戦のあと、ナポレオンは、セントヘレナ島へ流刑の身となったが、連合軍はそのままフランスに駐屯した。クラウゼヴィッツはこの年の夏から冬にかけてフランスに留まり、妻も八月八日に陣中の彼を訪ねてきたので、長年続いた夫婦の別居も終わりをつげることとなった。

十月八日、クラウゼヴィッツはコブレンツの総司令部で第一幕僚長をつとめることになったが、これはグナイゼナウの推挙によるものである。

クラウゼヴィッツが妻と再会するまでの手紙の中には、側面から見た対仏最終戦が描かれているので、その中のいくつか骨子をここで伝えておこう。

マリーへの手紙　一八一五年六月十五日　シネ

◉——ナポレオン軍の攻撃に備える

わが軍団は依然として三連隊のみ、それに砲の大部分、すなわち六〇門のカノン砲［砲身が長く、低い弾道による遠距離射撃に適した火砲］が不足している。**それにしてもナポレオンがわが軍を攻撃してくれれば、まことに愉快である。それというのもたとえフランス軍にかなりの利点があるとしても、オーストリア軍とロシア軍がまだ戦闘に入る用意がないので、わが軍は介入されずにすみ、面倒な戦いとはならないからだ。**

マリーへの手紙　一八一五年六月二十一日　ナミュール近郊ジャンブルー

●──パリへの快進撃

わが軍はパリに向け快進撃を続けた。私が目撃したような諸都市の崩壊の状況はこれまでなかったろう。私はナポレオンが、もはや一戦も交えられまいと信じている。アヴェーヌは降服した。火薬庫が爆発したからだ。──私はこれまでの生涯で、このように荒廃した都市を見たことがない。不幸な住民の死体が巨大な穴の中に山積みされていた。数百の屋根がくずれ落ち、市内には一軒として無傷な家は残っていなかった。──私はドアのなくなった部屋の中に居をかまえた。

第五章　それからのクラウゼヴィッツ

クラウゼヴィッツは一八一五年フランスからプロイセンへ帰国を命ぜられ、グナイゼナウを軍団長とするライン河畔コブレンツにある軍団の参謀長となった。彼は革新的な考えをもっていたので、官憲からにらまれ、手紙も開封されたという。一八一八年彼はその職を去り、三十八歳でベルリンの一般士官学校（後の陸軍大学）の校長となり、その間陸軍少将に昇進した。しかし校長になったとはいえ、その職務は「管理」業務に限定され、専門である軍事学を生徒に教えることは許されなかった。十二年間、彼はここで校長を務めた。

しかし学校の軍務管理の仕事ばかりでは暇でしょうがない。彼はもっぱらありあまる余暇を活用して『戦争論』の研究、執筆を始めた。その内容や意義については後述するが、彼は愛妻の部屋の中に仕事机をもちこみ、妻に口述筆記させたことも多かった。

彼は早朝から『戦争論』の完成に励み、九時になるとぴたりとその仕事をやめて校長の仕事に専念した。十二時に帰宅すると訪問客と話し合ったりしたが、午後二時になると再び『戦争論』に打ち込んだ。夕方にクラウゼヴィッツ夫妻は、上司グナイゼナウの家で過ごし、十一時に帰宅した。八月から十月までの士官学校の休暇中には、夫妻は、ほとんど田舎にあるグナイゼナウの別荘で過ごした。

一八三〇年、彼は砲兵監になった。その年、ポーランド人がロシアの支配に対し反乱を起こしたとき、プロイセンはそれを観察する軍隊を国境に派遣した。その司令官はグナイゼナウ、参謀長はクラウゼヴィッツであった。一八三一年の夏、ポーランド地域で、コレラが発生し、八月二十四日、グナイゼナウがこれにかかって死亡した。上司の死を悲しんだクラウゼヴィッツは、十一月七日ポーゼン（現、ポズナニ）を経て、プレスラウ（現、ヴロツワフ）に戻ったが、十一月十六日、やはりコレラにかかり、数時間後に死亡した。彼はこの地の陸軍墓地に埋葬された。

夫の死後、未刊の原稿となっていた遺稿を整理したマリー夫人も五年後の一八三六年に亡くなり、その墓は夫の墓のそばに寄り添うように建てられた。ところで、ナポレオン没落後の約十五年間の歳月をクラウゼヴィッツがいかに過ごしたか、その模様を、とくに『戦争論』執筆との関連において、グナイゼナウと、愛妻への書簡の中からひろってみよう。

グナイゼナウへの手紙　一八一六年十一月十四日　コブレンツ

人々が私を忘れてくれれば、私は四方を壁に囲まれた部屋の中で蟄居したいと思います。そうなれば、私はまったく孤独になり、始めたばかりの『戦争論』の執筆に専念できるからです。『戦争論』については閣下も私を激励してくださったではありませんか。

●――『戦争論』の執筆

私は、印刷が終わり敢行が実現した場合には、多くの反論が打ち出され、いやみのある軽蔑に会うことを覚悟しています。**たとえ、気持ちが純粋で、確信に満ちていたとしても、どうしても著者は心ある人の賛同を熱望するものです。そうした賛同は私の唯一の慰めであり、私の憂鬱な気分にとって支えとなります。**

グナイゼナウへの手紙　一八二〇年八月二十一日　ベルリン

◉――弛緩した状況での強固な結びつき

私が今見出すことのできる唯一の快楽、唯一の慰めは一般士官学校が再び始まる十月半ばまで享受できる完全な余暇の利用です。私はこのところ『戦争論』執筆で大変忙しい思いをしています。しかし、その多忙が、私に日々新たな生活への勇気を与え、陰気な気持ちを発散してくれます。

今のように、まことに興味深い人生行路のひとときに、私と閣下を結びつける靭帯《じんたい》が、今なお存在し、しかも維持されていることをだれが想像できましょう。私はこのことに満足感を抱いています。それというのも**現代、とくにわが国ではすべての状況が弛緩《しかん》しており、閣下と私のように密接に結びつき「一者」であることを願っている二人の人物を見出すことは困難だからです。**

グナイゼナウ宛て　一八二一年八月二日　ドレスデン

◉——戦場を見ずして戦争は語れない

多くの興味深い戦跡を見るのは価値のあることです。私も、軍人として、ドレスデン、クルム、それに、ドレスデンとエルツ山脈の中間の地方の戦場を考究したいと思います。とくに私が皇太子殿下へ軍事学をご進講をすることになれば、これらの地方を自ら目撃したことは、まさに二倍の価値がありましょう。それと申しますのも、**戦場を見ずして、戦時の出来事を語るのは、まるで失明者が色彩について語るのにも等しい愚挙だからです。**私はヴァルテンブルクの古戦場を見ています。そしてこれらの地方について、閣下と、一八一三年の戦史をきめ細かく語り合うことができれば、どんなにすばらしいでしょう。

第二部

理論編

『戦争論』を名言で読む

近代の戦争について客観的に考えた最初の人と言われるクラウゼヴィッツの『戦争論』が出版されたのは、一八三三年のことである。クラウゼヴィッツはこの本を完成させることなく世を去ったため、婦人のマリーが知人の協力を得て体系化、組織化し、一冊にまとめあげた。

この本は原文で一〇〇〇ページを超える歴史的な軍事学の大著である。たしかに一八〇〇年当時の騎兵、歩兵や砲兵を中心とする兵力をもとに戦略を説いたクラウゼヴィッツの「著書」には核兵器や長距離弾道弾が出現した現代では時代遅れと思われる部分もあろう。しかし、彼が説いた理論の骨子は現代の戦争にもあてはまるばかりか、経営戦略や人生論にも役立つものと見られている。

したがってこれらの箇所の一端を引用し、かつそれぞれに簡単な解説や印象を付け加えて紹介してみることにする。

『戦争論』は、八巻からなっており、その内容は次のとおりである。

1 戦争の性質について
2 戦争の理論について
3 戦略一般について
4 戦闘
5 兵力
6 防御
7 攻撃
8 作戦計画

そのうち最も人口に膾炙されたと思われるものを最初に伝えよう。

◉──戦争は政治の継続

戦争とは他の手段をもってする政治の継続に他ならない。

クラウゼヴィッツは戦争の本質を客観的にとらえ、自らの経験や歴史に学びながら、勝利するための戦術と戦略を理論づけて体系化しようと試みた。彼の思想や世界観は、洋の東西を問わず、軍人はもちろんのこと、政治家、実業家など実に多くの人々に影響を与えてきた。

プロイセンの参謀総長モルトケは、『戦争論』を座右の書とし、その理論を応用して普墺・普仏戦争に連勝したという。

また、レーニンは、前述した有名な言葉を、「戦争とは政治の継続」ではなく、「戦争とは〝革命〟の継続」と巧みに改変し、その後、長らくソ連の革命理論の礎《いしずえ》としている。

中国でも、『戦争論』が研究された。毛沢東が国共内戦下で採用した戦略戦術は、クラウゼヴィッツの理論を下敷きにしたものだと言われている。

アメリカの軍事政策においても、『戦争論』の影響を見ることができよう。

◉――将たる者に求められる最重要な資質

戦争は賭である。

いくら軍備が整っていても、戦争には危険が伴う。その危険を顧みず任務を遂行しうる軍人の精神力と行動力がなければ、大胆な戦略など実現できない。つまり、戦争に勝利するためには、勇気によって裏打ちされた〝賭け〟が必要だ、というわけで、現代風に言えば、リスクをとらない者には報奨もない、ということになろう。

織田信長の桶狭間の戦いも、山本五十六の真珠湾攻撃も、たしかに一種の賭けであった。成功すれば大勝利だが、失敗すれば元も子もなくなる恐れがある。

それでは戦争が賭けであるとすれば、それを遂行する人間にはどのような特性が求められるのであろうか。

◉——新事態に直面したときに必要な理性と勇気

戦争の当事者が予期せぬ新事態に直面したとき、たじろぐことなく不断の闘争を続けていくために、次の二つの性質が必要となる。すなわち**その一つは、理性であって、これはいかなる暗闇の中にも常に内なる光を投げかけ、真相がいずれであるかを判然とさせる。もう一つは、勇気であり、それに基づいて大胆な行動を起こすことができる。**

クラウゼヴィッツは、ナポレオンについてもその勇気と決断力だけでなく、理性的判断の見事さを称え、敵ながらあっぱれであると賛辞を惜しまなかった。これにひきかえ、スウェーデンのカール十二世（在位一六九七〜一七一八年。ロシア遠征に失敗）については、勇気はあるが偉大な指揮官ではない、と看破し次のように述べた。

「カール十二世は軍隊の活動を、もっと高度な洞察と賢智に従わせようとはせず、そのため輝かしい目標に達することができなかった」

軍人も政治家も単なる熱血漢では務まらない。いかなる事態をも冷静に受け止める強い精神が求められる。さらに、軍隊の指揮官にとって理性が必要とされるのは、とくに「情報」の扱いであると彼は強調した。

◉──真贋を見抜く識別力をもち巨岩のように動じないこと

戦争中に得られる情報の多くは相互に矛盾している。また誤報はそれ以上に多く、大部分のものは何らかの意味で不確実なものでしかない。だからこそ**将校に要求されるのは、事物と人間のことを深く知悉し、それに基づいて情報の真贋を見抜く識別力である。**

とくに、危険の到来に関する情報に接した指揮官は、

おのれの本質的知識に基づいて、**大波の砕け散る大海のただなかにあっても動じない巨岩のように、泰然としていなくてはならない。**

とも言っている。

実は、『戦争論』のなかで情報に関する記述は、わずかな分量にすぎず、また具体例にも乏しい。それは、現代のような多様な情報手段をもたなかった彼の時代においては致し方のない面もあろう。しかし、彼は確実に戦争における情報の重要性を見抜いていた。

◉——数の優位を覆す敵の意表を衝く奇襲作戦

今日のヨーロッパでは、いかに才能ある将軍でも、**二倍の戦力の敵に対して勝利を得ることは、非常に困難である。**

クラウゼヴィッツは、戦争に勝つための戦略的要素のなかでも、「数の優位性」を最も根源的な原理であるとした。同等の装備の軍隊が戦った場合、数の優位が戦闘の結果を左右する最重要な要因であることは明らかだろう。一見、当たり前なことをきちんと再定義したうえで、論理的な考察の出発点としたのである。このあたり、数学の考え方にも似ている。

それでは、どのくらいの兵力があれば敵に勝てるのか。結論として、彼は敵の二倍、という目標を掲げた。

もちろん、例外もあった。戦略家として名を博したプロイセンのフリードリヒ大王（一七一二〜八六年）は、ロイテンにおいて三万の軍隊をもって八万のオーストリア軍を破り、ロースバッハにおいて二万五〇〇〇の軍隊をもって五万の敵連合軍を破っている。クラウゼヴィッツはこれらの事実を認めたうえで、

「これは二倍あるいはそれ以上の敵に打ち勝った近代における唯一の例である」

と述べている。彼は論理におぼれず、例外も客観的に認め、フリードリヒ大王がまれにみる名将であったことを高く評価しているのである。

こうした数の優位の論理を覆すには、ひとつには、かつてハンニバルやナポレオンが行ったアルプス越えのような、少数精鋭による、敵の意表を衝いた奇襲作戦という戦略がある。

一方、兵員の数のみにこだわるのではなく、策略を巡らすことも重要である。『孫子』も「兵とは詭道《きどう》なり（正常なやり方に反した仕業）」とし、作戦における策略を重視している。

クラウゼヴィッツも策略の重要性を認めないわけではない。しかし、優れた司令官は狡猾な奇策を用いない、と彼は断じた。そして最高司令官とは、策略を弄《ろう》する能力よりも、事態を明察することこそが重要であると説くのである。

◉——必要なのは奇策ではなく物質力と精神力

事の必然性を冷静に考えれば、直接行動に赴くほかなく、奇策を弄する余地はなくなるのである。一言でいえば、**戦略の将棋盤には、策略や老獪さという駒が活躍する余地はほとんどないのである。**

そうした小細工なしの会戦で勝利を収めることの重要性について、彼は、次のような言葉でまとめている。

あらゆる戦闘は、物質力と精神力を競う、流血を伴った破壊活動である。最後の決戦に二つの力を多く残したほうが勝者となる。

こうした言葉は、敵を殲滅させるまで戦うべきだ、と解釈することもできる。彼はまた、次のような言葉も残している。

流血なしに勝利を博した最高司令官などというものはいない。流血の会戦が恐ろしい舞台であるとしてもそのことは戦争の価値をいっそう高める理由になるだけである。

実は、このような彼の思想は、後世の戦争に悪用された。とくに第一次世界大戦後には、殲滅戦を正当化した張本人として、クラウゼヴィッツを批判する向きもあった。

しかし彼の言葉は、軍国主義鼓吹のためなどではなく、当時のヨーロッパにおける現実的な〝恐怖の的〟であったナポレオンに対する戦争に、是が非でも勝ちたい、勝つべきだ、という悲願を再認識したものであったものだろう。

戦争の悲惨さというものは、戦場の兵士ばかりでなく、民衆にまでも及ぶ。クラウゼヴィッツは、一八一二年九月五日、ボルジノでロシア側に立ってフランス側と戦ったが、フランス側三万に対しロシア側は五万八〇〇〇の戦死者を出している。ロシア側は後退し、彼も後衛軍の一人として傷つき、ほうほうの体でモスクワにたどり着いた。

こうした惨状に接しながらも彼は、ナポレオンの遠征は必ず失敗する、と予言した。実際にナポレオンは、モスクワをいったん占領してもロシア軍を打ち負かすことができずここを去り、逆に長距離の退却の行軍で自軍を疲弊させていく。ついには、ロシア軍の反撃、諸国民戦争での失敗、一八一五年のワーテルロー敗戦まで、一直線に破滅の道を歩むのである。

クラウゼヴィッツは、ワーテルローの戦いに実際に参加し、ナポレオンの敗戦を見届けてから、近代戦争を遂行するうえでは、攻撃よりも防御のほうが勝る、という見方を打ち出す。

ちなみに日本の旧陸軍には、この考えは奇異に映ったであろう。戦前の日本陸軍では「攻撃が最大の防御」と教えられ、歩兵の本分は「前進、前進また前進。肉弾届くところまで」などという軍歌もあった。

しかし、ナポレオン戦争のさまざまな局面において、防御有利を肌に感じてきたクラウゼヴィッツは、防御の重要性を強調している。

◉——攻撃を仕掛ける側にこそ生じやすい「綻び」

攻撃側が無駄に過ごす時間は、すべて防御側に有利になる。防御側はいわば種を蒔《ま》かずに収穫する。判断の誤り、恐怖や怠慢による攻撃の中断は、すべて防御側に有利となる。攻撃を仕掛ける側は、作戦に対する誤認や恐怖感の影響を受けて、その行動に綻《ほころ》びが生まれやすい。それを迎え撃つ防御側が綻びをつけば、通常よりも簡単に敵を混乱させられる。この点において、防御側は優位なのである。

クラウゼヴィッツの防御優位説の正当性を示す事例は少なくない。たとえばナチスドイツ軍のスターリングラードでの敗戦など、多くの局面が、それを裏付けている。

もちろん、すべての事物には盾の両面のようなところがある以上、専守防衛だけでは足りず、やはり攻撃は必要である。それでもクラウゼヴィッツは、戦争、とくに戦略的な攻撃においては、攻撃と防御の連続的な結合が必要であるとして、

「いかなる攻撃にも必然的に随伴する防御のあり方を将師は熟考すべし」

と防御の重要性を説くのである。こうしたクラウゼヴィッツの思想は実に意味深長であり、これを実戦に応用する際には、彼の時代との差異、とくに科学技術の進歩を考慮して、慎重に対処する必要がある。

旧日本軍など、彼の『戦争論』をはじめとするドイツの兵学に拠《よ》りつつも、実戦ではクラウゼヴィッツの防衛重視の教訓など一顧だにせずに猪突猛進し、敗戦への道を歩んでしまったのである。

次に『戦争論』の中でも比較的通俗的表現で書かれており、戦史などの具体例も多く、しかも著者も重視している第八巻「作戦計画」を中心に、いくつかの名言を取り出してみよう。

◉──終わりよければすべてよし

結末が仕事の最後を飾る。というが、その意味で戦争も不可分の全体をなしている。**個々の戦果はこの全体との関係においてのみ意味があるのだ。**

クラウゼヴィッツはこう述べた後、ナポレオンは一八一二年、モスクワを占領しロシアの半分をも征服したが、これは対露和平を引き出すという目的のためにのみ価値のある作戦での第一部であったとしている。彼によればたしかにナポレオンは対露戦においてこの第一部には成功したが、第二部、すなわち、ロシア軍撃滅を果たすことができず、逆に敗退し、和平を強いるどころではなかった。

最後に勝たなければ、局部戦で大勝利をおさめても意味はないというわけだ。

◉──危険に直面して力を発揮する精神の自由と高揚

精神の自由と活動は、並の人間であれば、危険と責任に直面すると、劣化してしまう。ところが、こうした要素は、才能のある人間の判断を、高揚し、強化する。

われわれは彼らの魂の偉大さを疑ってはならない。

これは中国の名言「盤根錯節《ばんこんさくせつ》に会わずんば利器もまたわかつことあたわず」を想起させる。多くの物事においては危険があり、それを克服すべき責任がともなわないことがある。とくに戦争においては、相手国の政治や国民性、それに諸外国の態度などについて複雑かつ危険な事情があり、非凡な計算能力の持ち主でなければ、とうてい戦争指導など実行できない。

ナポレオンが「そうした戦争のための計算をするとなればニュートンすら恐れおののくだろう」といったことをクラウゼヴィッツは評価している。

◉――タタールの人海戦術

タタール人［トルコ系民族に属し中央アジアに居住していた勇敢な民族］**の群衆は常に新しい居住地を探していた。彼らは妻子を伴い、全民族で移動した。彼らは他民族と比較してかなりの兵力をもっていた。彼らの目標は、敵地の征服または敵の追放であり、強硬な手段をもって、立ち向かってくる者すべてをなぎ倒した。**

クラウゼヴィッツは、戦争について一般論を述べるとともに、歴史上の具体例を調べかつそれを記述した。彼はたとえば、タタール人、アレクサンドロス大王（前三五六～三二九、マケドニア王）、中世の封建領主や商業都市、十八世紀の欧州の王侯、それに十九世紀のフランスの新軍隊などをあげ、彼らがそれぞれ独自の方法、手段を用いて戦争を遂行した有様を伝えている。中世以来ヨーロッパ人にとって恐怖の的であったタタール人については、彼は妻子も連れ民族全体で移動しつつ、他民族と絶えず戦っていったタタール人の特徴に注目した。

◉――アレクサンドロス大王の壮挙

アレクサンドロスの戦争は一種独特であった。**少数だが内部的には完全に組織化された軍隊によって、彼はアジアの諸国家の脆弱《ぜいじゃく》な構造を撃破した。**休むことなく、あたりにかまうことなく、ひたすらに彼はアジアを進撃し、インドに迫った。

クラウゼヴィッツは、古代ギリシァのポリスや共和国の軍隊ならこんな戦争はできなかったと言っている。これらの共和国は、戦争を平地や都市の奪取に限り、これにより己の影響力の拡大をはかるだけであった。戦争の規模も小さかった。もっとも同じ共和国でもローマは違っていた。カルタゴ、スペイン、ガリア、さらにはエジプト、アジアの各地を征服した。ローマは巨大な富をもっていたおかげであまり努力せずに、戦力を増強できたという。

◉──中世の領主と都市国家の軍隊

中世の大小の領主は手持ちの封土（采邑）の軍隊で戦った。戦争の時期は限られていた。一発ぶちかまして敵に勝つことができないということが分かると、戦を断念するほかなかった。

中世の戦争目的は多くの場合、相手を懲《こ》らしめることであって、撃滅することではなかった。

大商業都市や小共和国は、もっぱら傭兵《ようへい》に頼っていた。ただ彼らを雇うには金がかかるし、その規模からしても、まったく限定された戦力であった。

クラウゼヴィッツは、一般に中世の戦争がきわめて限定されていたことを示しているが、ルネサンスのイタリアの策士マキャベリーと同様、とくに傭兵に依存することの危険性を説いている。

彼は、傭兵に大きな戦力はとうてい期待できない、彼らの戦いぶりなどは、まさに模擬戦、八百長の戦いだと断定している。

◉──近世の国王

近世になるとアレクサンドロス大王を思わす君主があらわれた。グスタフ・アドルフ、カール十二世、それにフリードリヒ大王がそれである。彼らは小さな王国から出発し、適切にして迫力のある軍隊の助けを借り、巨大な君主国を作り上げ、眼前の敵をすべて打ち倒そうとした。

クラウゼヴィッツはさらに続けて、もし彼らがアジアの大国と争うことになったら、アレクサンドロス大王と似たような戦果をあげただろうと述べた。さらに、戦争の際彼らが行ったことを顧慮するならば、彼らはいずれもナポレオンの先駆者とみなされるとも言っている。

◉――和平を有利に導くための戦果

戦争は、その性格からいって、現実のカルタ遊びに似ている。偶然と時間がカードを混ぜ合わせるからだ。しかしその意義からすると、**戦争は、通常の外交よりいっそう力強い方式で行われる外交である。その中心となるのが戦場であり、包囲戦である。ともあれ、和平締結の際に利用せんがためにしかるべき戦果をあげておこうというのが、戦争に取り組む野心家たちの目標であった。**

彼がこのように戦争をカルタ遊びにたとえたのはもちろん、近世の戦争を念頭においたからである。この頃の戦争の基盤は近代戦と比べそんなに大がかりなものではなかった。そこで前述のグスタフ・アドルフやフリードリヒ大王ですら、世の風潮にしたがって、多少の戦果をあげることで妥協せざるを得なかった。これは当時のヨーロッパにおける政治的均衡のあらわれである。大軍隊をもつルイ十四世ですら、戦争を従来の方式で行わざるを得なかったと述べている。

◉――フランス革命で激変

戦争は突然、国民全体の取り組む事柄に、自らを国民と見なす三〇〇〇万のフランス人のかかわる事件となった。

この大変革にともなうもろもろの状況の細部は取り上げないにしても、大変革の結果、**戦争はもはや、内閣や軍部の代わりに、全国民が天秤の皿の上に乗る、おもしになったと言えよう。**

クラウゼヴィッツによれば、フランス革命が起きると、まずはオーストリアとプロイセンが、従来の外向的戦術をもって対応しようとしたが、これではまったく不十分だということがすぐに分かった。従来のものの見方に基づいて、あまり強力な軍隊がなくても取り組んでいけると期待したのだが、一八九三年それはとんでもない間違いであることが明らかとなった。つまり三〇〇〇万の全フランス国民が戦う相手だということが分かった。そうなると、これに対抗する戦力も無限に拡大しなければならない。戦争につぎ込まれるエネルギーの量も計り知れない。革命軍を相手どるのはきわめて危険であることが明らかとなった。

プロイセンをはじめ、ドイツの諸国も国民の総力をあげてナポレオンと戦うようになり、その結果、ドイツとロシアは一八一三年と一八一四年の両年の戦いで得た成果をふまえ、全力をあげてあわせて一〇〇万の軍隊をもってフランスに攻め込んだと伝えている。クラウゼヴィッツはこの戦争小史を次のように結んでいる。

◉――ナポレオン以後

戦争を望んだ者が掲げた目標、彼が集めた手段は、彼のおかれた状況や彼の個人的特徴によって様々である。しかし、そうした目標や手段は、やはり時代の一般的状態の性格を帯びており、結局は戦争そのものの本質から導き出される一般的な推論に従っている。

つまり戦争の目標や手段は近世・近代・現代といったそれぞれの時代の特徴に従っていることが明らかであるというのだ。

◉──戦いに勝つには

私はもろもろの経験に基づいて、次の三条件が敵を撃滅するために重要であると信じている。

(1) 敵の活力の源泉となるかぎり敵の軍隊を撃破すること。

(2) 単に政治権力の中心であるばかりでなく、政治団体や各党派の所在地をなしている敵の首都を占領すること。

(3) 現在相手としている敵国よりもいっそう強力である敵の主たる同盟国に、効果的打撃を与えること。

これは現代戦でも通用することであろう。日中戦争の折、日本軍は、これら三条件のすべてを果たし得なかった。たしかに(2)の条件である敵の首都の攻略は、南京攻略によって一応果たせたかのようであったが、中国国民政府は漢口から重慶へと次々と首都を移して抗戦した。しかもこれらの首都も国民政府の機能の中心だっただけで、共産軍は南京や漢口が陥落しても痛痒も感じなかったようだ。

独ソ戦でもソ連は一時苦戦しモスクワの首都機能を、クイビシェフに移したこともあったが、徹底抗戦をしたために、ナチス・ドイツ軍はモスクワも占領できずに敗退した。

(3)の条件も興味深い。日中戦争に手を焼いた日本軍は、一九四一年十二月八日、何と、強力な対蒋（介石）援助国、米英に宣戦したけれども、相手が強すぎて三年半後敗退した。このように、クラウゼヴィッツが示した三条件は重要だが、いざ実行となるとなかなか困難であることは明らかだ。

◉──敵に勝る兵力とエネルギー

戦争目標達成のためには、まず自軍の兵力が敵軍に決定的に勝利するほど強力でなければならない。さらに、もはや敵味方の勢力の均衡など考えられないくらい、敵が弱まるまで、勝ち戦を続けていくだけのエネルギーの消費が必要である。

これはまるで太平洋戦争中のアメリカ軍に与えた教訓のように聞こえる。アメリカ軍の戦力は開戦後しばらくすると驚異的に増強され、ミッドウェー、ガダルカナル、サイパン、フィリピン、沖縄と次々に日本軍を撃破していった。しかしその間アメリカが消費した物量はまさに膨大であった。そしてそれがアメリカの対日勝利を導いた要因であったのである。

◉――時間は敵味方どちらに有利か

時間は、敵味方双方に必要だ。ただ問題なのは、両者のうちのいずれかが、そのおかれた位置からいって、時間からまず特別な利益を引き出すことができるかどうかだ。

「時」は勝者よりも敗者にとっていくらか有利である。

苦しい状況にある敗戦国の中では、憂慮、嫉妬、羨望など様々な心理が当然出現してくる。そのような惨状を見るにつけ、「これはかわいそうだ」と考え、同情のあまり、敗戦国と同盟する国があらわれたり、敵の友好国の中にすら、やりすぎだ、ひどすぎると思い勝っている友好国に反感をもつこともあるようだ。そこでクラウゼヴィッツは時は敗者にとって多少有利であるとする。

日中戦争時、長期的な中国人の心理的な苦悩を見た米英などののちの連合国人が同情し「援蔣」を強めたのもその一例であろう。何しろ、日中戦争は長すぎたからである。

これは強力な会社に吸収合併を強いられた弱い立場にある会社の例にも見られる。時がたつにつれ弱者が世間の同情もあり有利な立場になって合併を免れた例も見られるようだ。

◉——中途半端はだめだ

遠い目標より、近い目標に達するほうがもちろん容易である。しかし、半分突破していったん休止すれば、のこりの半分の突破が容易になるということにはならない。**小さな飛躍のほうが、大きな飛躍より容易である。しかし、広い堀割を越えようとするとき、半分だけ飛んですますことはなんぴともできないだろう。**

これは中途半端な作戦はよくないということだろうが、これらのいましめに続いてクラウゼヴィッツは、組織的な攻撃戦に必要な条件として次の五点をあげている。

◉──必勝の五条件

⑴遭遇した敵の要塞の占拠
⑵必要な備品の集積
⑶貯蔵所、橋、陣地など、重要地点の確保
⑷冬期には兵力を休養させ、かつ慰安施設をつくる
⑸翌年の兵力増強を待つ

クラウゼヴィッツは、これらの目的を達成するためには、たとえ攻撃戦であっても、適当な時期を選んで、兵力を休養させることが必要であり、そうなれば、基地を整備し、兵力を温存でき、また、祖国からの援助も容易となり、たとえば冬が過ぎれば翌年の大攻勢も可能であると言っているわけだ。

これらのクラウゼヴィッツの条件をナポレオンは対露戦において守らなかったばかりに失敗を重ねた。たとえば、モスクワまでの進撃の途中、⑵で教えているように、あらかじめスモレンスクなどの地点に、必要な食料の貯蔵庫などを用意しておかなかった。そこで、ナポレオン軍はいったんモスクワから退却しようとすると、途中、食料もなく、コサックやゲリラに攻撃され、ほうほうの体でロシアから敗走せねばならなかった。

太平洋戦争中の日本軍も同じような失敗を繰り返した。とくに昭和十九年のインパール作戦では、(2)備品の集積、(3)貯蔵所の確保などを怠ったために、インドで敗戦し退却した日本軍の被害は甚大で、食料はなく武器を捨てビルマを裸足で敗走する日本兵の有様は凄惨そのものであったという。

◉──専守防衛も悪くない

戦争指導者が大きな目標を脳裏に描いていても、緒戦では、専守防衛の形式を取るのもよい場合がある。

このことはクラウゼヴィッツもその渦中にあって苦労した。ナポレオンのロシア遠征における、ロシア軍の態度に最もよく示されている。クラウゼヴィッツによれば、ロシア皇帝アレクサンドル一世は、のちには実現できた敵の完全撃破を、当初は考えていなかっただろうという。しかし、ロシア軍が緒戦で専守防衛の構えを見せたことにより、後の戦勝に導かれた。

だがどこの国の軍隊でも、はじめから守りを固めるだけで戦ってはならないと考えている。ただし現実には防戦一方となる場合もある。第二次大戦でも不意を突かれたソ連は、ナチス・

ドイツ軍に侵入されると、はじめは負けてばかりいたので、キエフが陥落したときなど、スターリンは何というざまだと激怒したという。しかし、はじめは防戦一方だったソ連もとくにスターリングラードの勝利以後は、連戦連勝そのままの勢いでドイツ軍を破り、ベルリン占領に至った。もっともこれはソ連＝ロシアの話である。日本もドイツも緒戦で華々しい戦果をあげても、ひとたび負け戦となると、その後ほとんど勝機を見出すことができず敗戦に至った。緒戦の防衛戦はともかく、中途から防戦一方では戦争に勝つことは困難だ。

戦争と政治

戦争は単に政治的やりとりの一部であって独立したものではない。

クラウゼヴィッツによれば、戦争はただ諸民族間、諸国民の政治的やりとりによって引き起こされるものであるにもかかわらず、普通は、ひとたび起こると、政治的交渉などは中絶し、それ自身独特の法則で動く、戦争という全然別の状態が出現すると思われている。しかし彼は、これは正しくない、戦争は他の手段を交えた政治的やりとりの継続であると主張している。

こうした見解に対して、太平洋戦争当時の日本の軍部の指導者は、そんなことはあり得ないと思ったに違いない。日本国民の多くも、勝利の日まで和平などはないと考えていたであろう。しかし実は日露戦争も、アメリカ大統領の仲介によって和平に導かれたのである。明治の日本の政治家や軍人はまだ賢明であった。これに反し昭和の日本人はそんなことは忘れ、一種の狂気に駆られ、戦争は政治、外交とは無縁であるかのように信じ込まされていた。

もっとも日本の政治家は、敗戦近くになると、ソ連に和平仲介を頼む構えを見せたが、時すでに遅く、逆に、ソ連は日ソ中立条約を破って日本に宣戦し、米英ソ中を敵として日本は四面楚歌の中で降伏した。このことからも、昭和の日本の指導者の中には、クラウゼヴィッツの言葉を味読し理解した者はほとんどいなかったと言ってもよいであろう。

◉──大戦闘に及ぼす政治的要素の影響

政治的要素は、戦争の個々の場面にそんなに浸透することはない。その度合いを探るために番兵を置くこと、政治的配慮に基づいて斥候を出すこともできない。しかしそれだけますます戦争全体の計画、作戦、そしてしばしば大戦闘に及ぼす政治的要素の影響は決定的となる。

山本五十六の真珠湾攻撃が緒戦の大戦果によってアメリカ人の対日戦への意欲を削ごうと

いう政治的効果を狙ったものであることは明らかだ。もっともこの奇襲攻撃は逆効果を生み、参戦したアメリカ国民に「リメンバー・パールハーバー」という怨念をもたらし、彼らを執拗な対日戦へと駆り立てた。その最終的結果ともいうべき、アメリカの広島、長崎への原爆投下は、対日戦の勝利のみならず、戦後国際社会におけるアメリカの覇権確立という政治的狙いがあったことは明らかだ。

このようにクラウゼヴィッツは大戦争、大作戦にみられる政治的要素の重要性を熟知していた。

◉——人生にも立場は大切

人生においても、事物の流れを把握し評価するうえでの出発点となる立場を発見し、それを保持することほど重要なことはない。このような立場に立ってこそ、われわれは、もろもろの現象を統一的に把握することができる。そしてこうした立場の確立のみが、われわれをもろもろの矛盾から守ってくれるのだ。

クラウゼヴィッツは、ひとたび戦争を起こそうとするならば、二つも三つも違った立場に立って計画することは許されないという。軍人の目で見た計画もあれば、官僚の目で見た計画もある。あるいは政治家の目で見た計画もあろう。しかし優先されるべきは政治的立場であるとした。彼は、他のすべての立場が従属せねばならないのは政治の立場に対してであると言っている。

ところでこの場合の政治とは、他の国家を相手にする場合、自国のすべての利益の代理人であると彼は言う。この代理人はまことに重要で、その国の指導者の野心や個人的利益や虚栄心などとはいっさい無縁でなければならない。とくにこの代理人は戦争を推進する場合は、模範的教師のように卓越した指導をすべきだとクラウゼヴィッツは説いている。

なお、人生においても、人それぞれ従うべき立場を発見せよと彼が説いているのは注目すべきであろう。今日の日本では多くの若者たちが目標を失い、職もなく不安定な生活をしているが、この言葉は彼らに対する頂門《ちょうもん》の一針《いっしん》であるとみてもよいであろう。

●——軍事優先は誤り

政治的観点が軍事的観点に従属することは間違っている。なぜなら政治が戦争を生み出すからである。政治は頭脳であり、戦争は単なる道具である。そうしたことからしても、軍事的観点は

政治的観点に従属するしかない。

いわゆる十五年戦争の間、日本では軍部が政治を支配し、ひいては戦争を起こし、これを指導してきたことは、無理であり不合理そのものであったことがよく分かる。この問題についてクラウゼヴィッツは、すでに戦争論第三巻で述べた次の定理を再び強調している。

◉――戦争は有機的な全体

あらゆる戦争は、何はともあれ、その性格およびその主要要素の蓋然性［こうなるだろうという見込み］**から把握せねばならない。そうした蓋然性は、政治的な力ともろもろの政治的絡み合いから生ずるのだ。**

こう述べたクラウゼヴィッツは、現代ではほとんどの戦争を有機的な全体としてとらえねばならないと述べる。さらに個々の要素は分離することができず、個々の活動は全体と言われる複合体のおかげで行われる以上、主要な戦争の指導要領の作成は政治以外の何者であってもならないと述べている。

◉——軍部優先の戦争計画は愚劣だ

戦争計画をたてるにあたって、多くの内閣がよくしていたように、**戦争計画を純粋に軍事的に判断するために軍部に助言を求めるというのはよくない。**しかしもっと悪いのは、戦争あるいは出陣に対する純粋な軍事計画を立てるために、現存の軍事物資をそっくりそのまま軍の幹部にゆだねるべしとする戦争理論家の欲求である。

この見解は、とくに日本の近衛内閣が、日中戦争開始当時すべて軍の言いなりになったことを想起させる。昭和十二年七月、第一次近衛文麿内閣の成立直後に、北京郊外の盧溝橋で、日中両軍の衝突事件が起きた。現地で停戦協定は成立したものの、日本陸軍の強硬派の圧力もあって、近衛内閣は、当初の不拡大方針を変更し、兵力増派を決定し、軍事行動が拡大された。これなどクラウゼヴィッツが酷評する軍部の言いなりになる腰抜け内閣の典型であろう。

●――戦争の基準は内閣が決定する

一般的経験は、今日の戦争の性質がきわめて多様であり、大がかりであるにもかかわらず、**戦争の基準は常に内閣によって決定されるべきだ**と教えている。すなわち、**軍部ではなく政府が決定をするのだ。**

十八世紀末から十九世紀のはじめにかけてのヨーロッパ諸国の指導者たちは、こうしてみると近衛内閣や東条内閣の大臣たちよりも遙かに勇気があり、良識を備えていたようだ。クラウゼヴィッツはそうした軍部より政治を優先する態度こそ「物事の本質に完全に適合している」とも言っている。

●――下手な外国語は有害

自分が熟達していない外国語を使うために正しい考えを伝えようとしても、ときには誤ったことを言うように、政治家もしばしばその本来の意図に適合しない事物を命令することがある。

これはもしかするとクラウゼヴィッツの個人的体験に基づいた見解かもしれない。彼は、反ナポレオンの意気込みに燃え、プロイセン軍を離れ、ロシア軍に入ってロシアでフランス軍と戦った。しかし彼は、妻マリーへの手紙の中でも、自分がロシア語ができないために仲間のロシア人との意思疎通を欠くことをしきりに嘆いている。彼がいかに作戦の大家でも、ロシア語を話せなくてはロシア軍に協力することは困難であった。大多数のロシア人は、ドイツ語もフランス語も話せなかったからだ。

●──生兵法は危険

もし政治家が、一定の戦争のための手段や法則について、本来の性質に反する誤った効果を約束したりすれば、それに伴っている数々の取り決めと共に、戦争に悪影響を与えるであろう。

これは「生兵法はけがのもと」という、中国の格言に近い。軍部の優先はよくないが、政治家の生兵法もきわめて危険であることを教えた言葉であろう。

◉——陸相以外の軍人閣僚による影響力の行使は危険

最高に危険なのは入閣している最高位の将軍、つまり陸相以外の軍人による影響力の行使である。この有様では、政府は健全かつ適切な行動を取ることはできない。

クラウゼヴィッツはその実例としてフランス革命に際し、カルノー（一七五三〜一八二三）が国民議会の軍事委員会委員長ではあっても陸相でもないのに、十四の軍団を勝手に作り上げ、その作戦計画を練ったことをあげている。その後一七九五年〜九七年にかけてカルノーは王党派と見られたので国外へ逃亡。一八〇〇年には本格的な陸相になったが、生粋の共和主義者としてナポレオンに反対した。ナポレオン皇帝の百日天下のときには内相をつとめたもののブルボン朝の復帰で追放され、一八二三年ドイツで死亡した。

カルノーも陸相になったが、それは一八〇〇年という先の話で一七九三年当時は、軍事委員会の議長であり、入閣したわけではなかった。戦前日本では青年将校たちが、上官たちを強要して、軍国主義的な政策を実行させたことが知られているが、カルノーはこうした下克上ではないにしても、本来の資格のない者が軍事に介入したわけであり、好ましくないとみられたわけだ。

◉―敵の重心をつく

戦争計画を立てる際、第一の観点は、敵軍の重心がなへんにあるかをさぐり、できるだけ敵軍をその重心に集中させることである。

第二にこの重心に対抗して使用される兵力は軍の主力に統合させるべきである。

クラウゼヴィッツは、軍の主力は、敵軍の重心の攻撃にのみあたるべきであるとしている。しかし例外もないわけではないと彼は言う。それは主要作戦以外の別の作戦が、異常なほどの戦果が約束されるときであるという。しかし、その場合でも、主要作戦を忘れてはならないと彼は述べている。

太平洋戦争のはじめの頃、昭和十七年のはじめ、日本は主要敵国であるアメリカとの戦いに専念することなくインド洋をはじめ四方八方に連合艦隊を派遣し、一時は勝利を得たが、結局は敵の主力アメリカ軍に、ミッドウェー、などで打ち破られた。一極集中はやはり重要である。

◉——集中的かつ迅速に行動すべし

第一に敵の兵力の有力なる部分を、本来ならば一点に、さもなくとも、できるだけ少ない地点に集中させることが重要だ……他方、わが方もできるだけ集中的に行動するというのが根本原則である。

第二に、できるだけ迅速に行動するすべきだ。十分な理由がなくしては、止まったり、回り道をしてはならない。

これはクラウゼヴィッツが敵の撃滅が目標ならば、ぜひ実行せねばならない原則として示したものだ。一極集中と共に、速戦即決の重要さを説いている点は注目すべきだが、これはある種の学問研究や会社経営にも役立つ言葉であろう。

◉──作戦計画における必要事と排除すべきもの

作戦計画においては必要事、それに一般的な事項を重視すべきだ。個人的あるいは、偶然的なものを一応活動させる余地もありうるが、勝手気ままなもの、理由のはっきりしないもの、遊びや空想に類したもの、詭弁のたぐいは排除しなければならない。

これは作戦のみならず、会社の事業計画作成などにあたっても参考になる意見である。ただし個人の人生にはゆとりや遊び、気ままや空想も必要である以上、個人生活の規則としては必ずしも有効ではないであろう。

次に第八巻以外の注目される発言を拾ってみよう。

◉──戦術と戦略

戦術は、戦闘における兵力の使用によっていかに勝利を得るかを教え、戦略は個々の戦闘を結合することによって、いかに戦争目的を達成できるかを教える。換言すれば、戦術とは戦闘における兵力の使用に関する方策であり、戦略とは、戦争目的遂行のために個々の戦闘を使用するための方策である。

今日のビジネスの社会でも、戦術（タクティクス）と戦略（ストラテジー）の違いが強調される。事業の振興のため平社員が戦術にこだわるのは当然としても、社長や重役は企業の戦略に基づいて物事を決定すべきだと言われている。ところで日下公人氏は『日本軍の教訓』（ＰＨＰ文庫）の中で次のように両者の違いを述べているので、参考ながらここで引用させていただく。

「戦略とは、『ある目的に照らして、どの戦術を選択するか』ということで、戦術とは『ある局面における戦い方』を指す。ひとくちに戦略や戦術といっても何通りもあるが、一般に政治上の要請によって、どんな戦略が決まり、それによって、どんな戦術を採るかが決まる。さらに戦術が決まれば、それにふさわしい戦闘の方法や武器が決まってくる。それに従い、今度は兵隊の訓練方法、国民あるいは世界各国への『戦争の大義名分』の説明方法などを決め、最終的に開戦時期と場所を選ぶことになる。」

これらの言葉をクラウゼヴィッツの言葉と照らし合わせてみると、われわれが日常生活においても、戦略と戦術をいかに使い分けて用いるべきか明らかとなるだろう。

次に、クラウゼヴィッツはまずフランス革命によって行われた軍事情勢の激変ついて次のように問いただしている。

◉──フランス革命軍の軍事力の源は

フランス革命軍の軍事力は、いわば、政治の手引き紐［幼児に歩行を練習させるときに用いる］**から解放されたおかげで生まれたのか、それともフランス革命を出発点にフランスのみならずヨーロッパ全体で激変した政治情勢から生じたのか？**

このように問いかけた後彼は、フランス軍のあのようなダイナミックなエネルギーを生み出したのは、やはりフランス革命が生み出した政治にあると見て次のように述べている。

◉──政治が呼び起こした戦争遂行のエネルギー

この政治（フランス革命）**は、これまでとは別の処方、別の力を呼び起こした。これによりそれ以外はとうてい考えられないような戦争遂行のエネルギーを発生させた。**

そしてクラウゼヴィッツは結論として、

再度言おう。戦争とは政治の道具なのだ。

と述べたが、これは親鸞の悪人正機に匹敵するクラウゼヴィッツの金科玉条なのだ。

クラウゼヴィッツによれば、戦争とは二つの意思（または利益）の衝突であり、当事者の一方が「他方に物理的暴力を用い、おのれの意思を貫徹させる」ものである。この物理的暴力とは、道具であり手段である。そして意思の強制は、政治的であり目的である。

クラウゼヴィッツはこれについて次のように述べている。

◉——戦争の目標は敵の武装解除

目的を確実に確保するために、われわれは、敵の武装を解除しなければならない。それがそもそもの概念に従えば、戦争の本来の目標である。

クラウゼヴィッツはこのように政治や目的の優位を強調しつつも、戦争には重要性やエネルギーについて差異があることを明らかにする。

◉──交渉の難航が戦争に発展

政治的目的の戦争への影響がひとたび容認されてしまうと、もはや（戦争の）歯止めがきかなくなり、敵の単なる威嚇《いかく》や金銭のやりとりの交渉の難航が戦争にまで発展してしまうことがある。

クラウゼヴィッツによれば、政治は指導する頭脳である。政治が戦争を指導し、戦後生ずべき政治的状態も、すでに計算済みであらねばならない。こうした頭脳がすでに計算し、計画した平和が、戦争でどの程度の軍事力を用いるべきかを決定する。いずれにせよ、戦略は平和という政治的目的に奉仕することになる。このようにクラウゼヴィッツは、はっきりと軍事的戦略が、戦争の政治的目的、政略に従属することを強調する。

◉――戦略の目的

戦略はもともと、勝利、すなわち戦術上の成果を狙っているが、最終的には、ただちに和平をもたらすようなもろもろの状況を生み出すことを目的としている。

ところで、クラウゼヴィッツのこうした見解は、その後しばしば誤解されたと彼の伝記作家ディトマール・シェスラーは述べ、さらにこれについて次のように説明している。すなわち、戦争は政治的意思のあらわれであり、指導者たるものは、戦争の際出現する、攻撃と防御の弁証法を把握するために、すぐれた判断力をもたなければならないという。すなわち、防御と攻撃の弁証法のことで、これについての一見不可解な次のようなクラウゼヴィッツの言葉を引用している。

◉—優秀な兵力による防御が勝利へと導く

防御は、消極的目的をもった強い形式であり、攻撃は、積極的目的をもったより弱い形式である。

防御は、戦争の強力な形式であり、これによって味方は勝利へと導かれる。それは、味方がそのため蓄えられた優秀な兵力によって戦争の積極的目的に移行するからだ。

まるでナポレオン軍に攻められたロシア軍はしまいには回復し、彼らをロシアから追い出すに至った歴史上の動きをまとめているようだが、防御に攻撃と並ぶ、いやそれ以上の重要性を見たのがクラウゼヴィッツの特徴かもしれない。

『戦争論』補遺

ところでここでいわば『戦争論』補遺として、クラウゼヴィッツが一八一七年、ナポレオン戦争が終わってまだ間もない頃に書いた一〇頁あまりの小論文「戦争中のもろもろの事件の進行と停止」の中から戦争の本質の理解に役立つと思われる、いくつかの箴言を取り出してみよう。たしかに、主著の『戦争論』と重複する箇所もあるのだが、著者は主著のように大手の正面から立ち向かうのでなく、搦手《からめて》から敵城に迫るという気楽な姿勢で執筆したようだ。

◉——賭け事と戦争

賭け事は、一つの行動に集中する将軍の作戦計画のようなものだ。

単に金を稼ぐために賭博台あるいはトランプ机の前に坐った大賭博師が、一気に勝負を決めるべく、全財産を一枚のカルタに賭けることをしないとすれば、これは首尾一貫しない行動だと思われる。賭け事を長引かせるという楽しみにふける以外には、勝負の遅滞には十分な根拠は見られない。もっともある種の賭博者が、運、不運が潮の満ち引きのように移り変わる様子や、カルタ出現の順序がどのようになるのかを探るため静観するという哲学的態度をとることもある。ともあれ多くの職業的賭博者にとって、賭博の楽しみ、カルタ遊びの哲学的考察などは本来の目的ではない。彼らにしてみれば、賭博は仕事である。それに賭博の最中に他の用件が生じ、賭博のための時間が足りなくなる恐れもある以上、勝負を早くつけるべきだ。

こうしてみると、**職業的賭博者が一気に勝負に出るのをためらう理由は一つしかないことが分かる。それは運命の決定的なご託宣を受けることへの恐怖だ。**こうした恐怖は、賭博者を動揺させる。たしかに時間がたてば、いずれ自分の遅滞作戦によって、あるいは外部からの何らかの作用によって、自分にとって有利な状況が出現することもあろう。しかし、いずれにせよ恐怖心が、彼らを逡巡躊躇させる原因となるのだ。

軍事しか興味のない謹厳実直な人物と思われるクラウゼヴィッツが賭け事に異常な程の関心を寄せていたことは興味深いが、クラウゼヴィッツはこのように一気に勝負をすることをためらう場合の賭け事師の心境を長々と述べた後、今度はこれを戦争の際の将軍の気持ちになぞらえた。そしてこうしたもろもろの心理戦的現象が戦争の中でも発生する。速戦即決に出られない将軍の気持ちも同じようなものだと述べている。

◉―速戦即決と時間の性質

戦争の本質は迅速、果敢な行動であり、目標すなわち、激しく血なまぐさく迅速に終結する決定的な戦い、に向かってひたすら進むことである。

たしかに速戦即決が望ましいにしても、自軍の実力からいって、防御する敵を短時間に圧倒することができないことがある。その場合、戦いを停滞させたり、意識的に抑止するのが有効なこともある。

さらに攻撃あるいは防御を度外視しても、時間は敵味方の将軍にとって貴重な性質をもっている。それというのも、戦闘のいったん停止が正当化される場合には、他のもろもろの出来事がその間に起こることによって、状況が好転することもあり得るからだ。

◉――ブレーキが必要

戦術には二種の制動輪（ブレーキ）が必要だ。ブレーキはその性質上、戦闘の結果を救出することがある。これは一見たいしたものではないと思われているが、つねに軍を制御できることや、軍の独走を十分に抑制することなどにより、重要な成果をもたらすことがある。

クラウゼヴィッツの時代には制動装置の歯車をシュペルラート制動輪と呼んだ。今日では乗り物のブレーキに相当しよう。クラウゼヴィッツのこうした制動装置、あるいはブレーキは、まず、われわれが敵の状況について無知であるとき発動されるという。わが軍としては敵情が不明なので動きがとれないわけだ。ところが逆に、もし敵がわれわれより優れた情報をもっていて、わが軍のほうが優勢だということを知れば、攻撃をかけてこないだろうというわけだ。

第二のブレーキは、わが軍が敵の防御力を知らないというより、過大に評価した場合に発動される。これに関連し、クラウゼヴィッツは次のように述べている。

あらゆる時代の将軍は、防衛するには十分に強力であることと、攻撃するには十分に強力であることの二者の大きな区別を知っていた。それがために、もろもろの作戦において、戦闘の本格

的な停滞の時期が、あのように無限に長かったことが説明される。このような一般的根拠に基づき、攻撃の続行を差し控え、休戦状態になるための特別な理由が見出されるのである。

●——補給と戦闘

攻撃は、攻撃しないこと、つまり防衛よりも多くの兵力が必要だ。

これはクラウゼヴィッツが『戦争論』はじめ多くの著述の中で繰り返し力説していることだが、この論文の中の説明では、補給について言及しており、興味深いものがある。彼は次のように言っている。

敵地のただ中を攻撃したわが軍の補給線［海上で言えばシーレーン］があまりにも長いために食糧が不足する反面、敵軍には、諸要塞から多量に食料が供給されるという場合がある。そうなると、防衛の戦略的優位がどちらにあるかは明らかである。攻撃軍は消耗し、もはや進撃をさし控え、ついには停止するに至る。

これは太平洋戦争中における補給が苦手な日本軍の、ポート・モレスビー作戦や、インパール作戦を予言したような言葉であろう。

◉――密かな恐怖心

あまりにも決定的な運命の打撃に対する密かな恐怖心が、戦時中多少なりとも軍の自然な力を弱める原因となっている。そもそも、人間の悟性は、本来は赤裸々な恐怖心を、何とかうまく覆い隠そうとする。その際ソフィスト［ギリシャの詭弁家］**さながらの理屈を述べるときはまさに巧妙である。**

このようにあからさまな恐怖心は体裁よく密かな恐怖心に擬装される。クラウゼヴィッツはこうした密かな恐怖心に駆られ、敢闘精神を失ったものが多かった実例を伝えている。

歴史的にも……戦争が一般にあまり激しく行われなかった実例が多く見受けられる。多くの時代にはそればかりでなく、**刀剣で武装しながら、自ら一滴の血も見ないような弱虫な兵士が大勢いた。**

もっともこれは多少文明化した民族の場合について言えることで、いわゆる未開な時代の戦争は実に残忍であったとクラウゼヴィッツは言う。

もっとも戦闘的なのは、まったく粗野な諸民族が行う戦争である。彼らの場合には**初陣の名乗りをあげた若い将軍たちが運命に対して猛烈に反抗する。野蛮な勇気、熱狂的な敢闘精神、それに、生来の勇敢さが、こうした若い指導者を常軌を逸するほど高揚させ、決戦の前に襲う、あの密かな恐怖心を敢然《かんぜん》と雲消霧散させるのである。**

クラウゼヴィッツはその実例として、古代アジアの諸戦争をあげ、これらは、古代のイタリアやギリシァにおける戦闘より、はるかに激烈であったとしている。また彼によれば、ヨーロッパでも野性的な中世の戦争のほうが文明的な十七、八世紀の戦争より、激しかったと言っている。すなわち、十七、八世紀には、戦争の歴史から言えば一種の停滞状態であり、攻撃する側が速戦即決で勝利を収めようとしても、防衛する側はたとえ野戦で負けたとしても、その後は要塞や堅陣にたてこもり、さらに伏兵を起用したりして、攻撃軍を悩ませるのだ。

◉——亀甲のような装甲

攻撃する側は、はじめに足に翼を生やしたように快進撃を続けたのに、最終段階になると、まるで亀甲をかぶったように完全武装して敵の一つの要塞から次の要塞へと次々に攻撃し続けなければならない。

そのように悪戦苦闘する攻撃軍は、天幕、行李、穀物運搬車、パン焼き釜などを携えていかねばならないので、進撃の速度もにぶってしまう。その反面、防衛側は、要塞や堅陣にたてこもって、準備怠りなく敵の攻撃を平然と待つ一方、新兵を続々と徴集して応戦することになる。これが一八世紀の中頃のヨーロッパの戦争の様子であるとクラウゼヴィッツは説明し、いわば膠着状態にある当時の戦争の特徴を、次のように表現している。

当時の戦争は、手堅いが、その効果は限定されており、たしかに凄惨だが、けっして本格的決戦に至るものではなかった。

◉――フランス革命とナポレオン戦争

フランス革命時には、自然の諸要素が、再び自己主張をし始め、ついに粗野な人間の中から、きわめて勇敢なる者が登場し、おのれの財産をすべて一枚のカードに賭けるような事態になった。

クラウゼヴィッツは、こうした革命によって起こったすべての戦争はまるで彗星のように飛行し、前代未聞の凄惨な有様を出現させたと言っている。

ついでナポレオンは大戦果をおさめたが、これが逆に多くの敵国に刺激を与え、大いに飛躍させたとしながらも、クラウゼヴィッツは次のような状況についても語っている。

ナポレオン戦争における諸決戦を通じて、彼に抵抗する諸国に新しい組織が出現した。それは在郷軍と民間で養成した軍隊、民兵である。しかしこうした戦争の目的と精神に完全に適合したはずの両者も、十八世紀の戦争の所産である弱々しい軍隊によってではなく、フランス革命以来の勇敢な軍隊の新しい登場によって再び敗退した。

これは同盟軍の在郷軍が民兵もフランス軍相手に苦戦した様子を伝えているのである。

このように様々な戦争の状況を述べた後、クラウゼヴィッツは次のように戦場に立つ将軍のあるべき姿を描いてこの小論文を結んでいる。

◉——将軍のなすべきこと

将軍の精力と迅速さ、あるいはひとことで言えばやる気のあることを示す企業精神は、たとえそれが下手に発揮され、不幸な結果を招こうとも、軍人の美徳であることにはかわりはない。こうした軍人の輝かしい特性が、必要不可欠な戦術の巧妙さと、賢知をを伴わない場合には残念な結果に終わることもある。そうはいっても、こうした将軍は、力と迅速さをもたず企業精神がないために大敗北を喫する将軍たちよりもはるかに高く評価さるべきである。

あとがき

クラウゼヴィッツは本来、かなり理論的、構成的な考え方をする人で、その「主著」などもそうした傾向が目立つためにかなり難解である。その構成の厳密なことによって、彼の主著はカントの『純粋理性批判』やモンテスキューの『法の精神』となぞらえる人もいる。

しかし、本書に伝えた彼の個人的手紙や、小論文に見られる彼の言葉は、主著にみられる四角四面の論述とは違って、むしろ、しゃれた名文句や興味深い譬え話も登場している。そこでこうした方面から彼の精神の「攻略」を図るのも一興であろうと思う。もし、この点で読者の方の賛同が得られれば幸甚である。

二〇〇八年秋

金森誠也

金森誠也
かなもり・しげなり

1927年、東京生まれ。東京大学文学部独文学科卒業。日本放送協会勤務後、広島大学教授、亜細亜大学教授、静岡大学教授、日本大学教授を歴任。現在は著述家、翻訳家として活躍。専門はドイツ文学、ドイツ思想。日本ショーペンハウアー協会評議員。著書に『ゲーリング言行録——ナチ空軍元帥おおいに語る』(荒地出版社)、『賢者たちの人生論』(ＰＨＰ研究所)、訳書に『ユダヤ人と経済生活』(荒地出版社)、『心に突き刺さるショーペンハウアーの言葉』(PHP研究所)、『人間性なき医学——ナチスと人体実験』『クラウゼヴィッツのナポレオン戦争従軍記』(ビイング・ネット・プレス)、など多数がある。

国家を憂う
世紀の戦略家クラウゼヴィッツの名言を読む

2009年11月11日　初版第1刷発行

著　者
金森誠也

発行者
野村敏晴

発行所
株式会社　ビイング・ネット・プレス
〒151-0064　東京都渋谷区上原1-47-4-303
[編集・営業]電話 03-5465-0878　FAX03-3485-2004

印刷・製本
モリモト印刷株式会社

ISBN978-4-904117-46-0 C0022 Printed in Japan